Philip Kiefer

Das große Erbrecht-Paket

Formulare zum Download

Vielleicht möchten Sie die Formulare im Buch belassen? Dann gehen Sie auf die Webseite zum Buch:

www.mut.de/0050

Auf der Webseite werden Ihnen die Formulare gesondert als PDF-Datei zur Verfügung gestellt, sodass Sie diese beliebig oft ausdrucken können. Zudem finden Sie auf der Webseite noch weitere Formulare zum Download. Bei Problemen mit dem Download wenden Sie sich bitte an info@mut.de, dort wird Ihnen zeitnah geholfen.

Das große Erbrecht-Paket

Philip Kiefer

Markt+Technik

ISBN 978-3-98810-050-4

Produktmanagement Christian Braun, Burkhardt Lühr
Lektorat, Herstellung Jutta Brunemann
Korrektorat Alexandra Müller
Layout David Haberkamp
Covergestaltung David Haberkamp
Coverfoto © WavebreakMediaMicro – Adobe Stock
Satz inpunkt[w]o, Wilnsdorf (www.inpunktwo.de)
Druck mediaprint solutions GmbH, Paderborn
Printed in Germany

Inhalt

1

Richtig erben und vererben:

alles, was Sie dazu wissen müssen

Nein, auch der Tod ist nicht umsonst. Denn einem alten Witz zufolge kostet er das Leben. Aber damit ist es längst nicht getan. Der Tod kostet darüber hinaus viel Geld, das für eine würdevolle Bestattung, einen Erbschein und mehr verlangt wird. Außerdem sind Behördengänge erforderlich, die Ihre Angehörigen zu erledigen haben. Weitere Mühen kommen hinzu und das oftmals in einem Zustand der Trauer. Es genügt jedenfalls nicht mehr, den letzten Atem auszuhauchen. Heutzutage will alles bis ins Detail geregelt sein, auch Sterben und Tod.

Und auf Sterben reimt sich Erben. Das ist sicherlich Zufall, aber tatsächlich sind die Begriffe eng verwoben. Denn wenn eine Person stirbt, gibt es immer einen oder mehrere Erben – wobei auch der Staat Erbe sein kann oder ein Erbe ausgeschlagen werden kann, doch dazu später mehr. Ver- und geerbt werden dabei nicht nur riesige Vermögen, von denen sich die Erben dann große Autos und teure Kreuzfahrten leisten. Oft reicht ein Erbe nicht mal aus, um die Bestattungskosten voll zu bezahlen. Sogar einen Berg Schulden können Sie erben, wenn Sie nicht aufpassen.

Mithilfe dieses Buches nehmen Sie sich der Themen Erben und Vererben einmal gründlich an. In verständlicher Sprache statt in verklausuliertem Juristendeutsch erfahren Sie darin alles, was Sie wirklich dazu wissen müssen. Sie machen sich mit unterschiedlichen Arten von Testamenten vertraut, aber auch mit Begriffen wie Vermächtnis, Erbvertrag oder Schenkung. Sie möchten vielleicht den verbleibenden Ehepartner und Ihre Nachkommen rundum absichern, in jedem Fall aber spätere Erbstreitigkeiten ausschließen.

Sie möchten ein Erbe gerecht verteilen? Zum Errichten eines Testaments genügen oftmals ein Blatt Papier, ein Kugelschreiber und ein Stündchen Zeit. Aber Sie können ein Testament auch – was bei größeren Vermögen anzuraten ist – gemeinsam mit einem Notar erstellen. Mit Ihrem letzten Willen bekunden Sie, wer Ihr Vermögen erben soll – und wer nicht. Hinterlassen Sie kein Testament, tritt die gesetzliche Erbfolge in Kraft, die Ihnen in diesem Buch ebenfalls vorgestellt wird.

Oder sind Sie Erbe? Haben Sie vielleicht gemeinsam mit Ihren Geschwistern ein renovierungsbedürftiges Haus geerbt und nun droht Streit über die weitere Verwendung? Oder Ihnen steht der Schweiß auf der Stirn, wenn Sie an die Erbschaftssteuer denken? Auch beim entspannten Erben nimmt dieses Buch Sie bei der Hand.

Schließlich wird auch das Thema Vorsorge thematisiert. So könnten Sie z. B. Ihre eigene Bestattung durch eine Bestattungsverfügung regeln wollen. Oder vor Ihrem Tod Vollmachten erteilen, die auch über Ihren Tod hinaus Gültigkeit behalten, um etwa einer vertrauenswürdigen Person den Zugriff auf Ihr Girokonto zu gewähren.

Das alles und mehr wird in diesem Buch besprochen. Es will ein Rundum-sorglos-Paket sein, das verhindern soll, dass bei einem Todesfall das große Chaos ausbricht. Von Sterben bis Erben wird es Ihnen alle wichtigen Fragen beantworten, Ihnen perfekten Rat und Unterstützung bieten. Legen wir also los!

1.1 Testament, Erbfolge und Co: wichtige Begriffe einfach erklärt

In den einzelnen Kapiteln dieses Buches werden Sie rundum mit den Themen Erben und Vererben vertraut gemacht. Für einen ersten Flirt klären wir an dieser Stelle zunächst einige wichtige Begriffe, denen Sie bei der Beschäftigung mit den Themen unweigerlich begegnen werden. Später widmen wir uns den einzelnen Begriffen selbstverständlich noch ausführlicher.

Bestattungsverfügung

Welche Wünsche haben Sie im Hinblick auf Ihre Bestattung? Wünschen Sie eine Erdbestattung oder eine Feuerbestattung? Möchten Sie auf dem örtlichen Friedhof oder in einem Friedwald bestattet werden? Welche Musik soll bei der Trauerfeier gespielt werden? Oder wünschen Sie, dass gar keine Trauerfeier stattfindet? Diese und weitere Wünsche schreiben Sie in einer Bestattungsverfügung nieder. Wichtig: Nehmen Sie diese Wünsche nicht in Ihr Testament auf, das in der Regel erst mehrere Wochen nach der Bestattung eröffnet wird! Erstellen Sie Ihre Bestattungsverfügung stattdessen in einem eigenen Dokument. Mehr zur Bestattungsverfügung und weiteren Verfügungen lesen Sie in **Kapitel 2**.

Digitaler Nachlass

Der digitale Nachlass bezieht sich nicht auf Vermögenswerte, sondern auf die Hinterlassenschaften auf Computern, Smartphones und im Internet. Im Lauf der Zeit können sich viele Daten und Benutzerkonten ansammeln. Insbesondere die Internetdaten – etwa E-Mail-Konten, ein Konto bei Facebook usw. – sollten nach Ihrem Ableben gelöscht werden, damit nicht noch in 50 Jahren Spuren Ihres Internetdaseins gegoogelt werden können. Auf das Thema wird in **Kapitel 6** näher eingegangen.

Auch Ihre digitalen Geräte und Daten zählen zu Ihrem Nachlass.

Erbfolge

Der Begriff Erbfolge besagt, wer das Vermögen einer verstorbenen Person erbt, also deren Rechtsnachfolge in deren Vermögen – oder ihre Verbindlichkeiten – antritt. Wird die Erbfolge durch ein Testament oder einen Erbvertrag geregelt, spricht man von einer »gewillkürten Erbfolge«. Liegen weder Testament noch Erbvertrag vor, tritt die gesetzliche Erbfolge in Kraft. Mit der gesetzlichen Erbfolge werden wir uns in **Kapitel 3** näher befassen, während Sie das Erstellen eines Testaments ab **Kapitel 4** kennenlernen.

Erbschaftssteuer

Während die Erbschaftssteuer in Österreich 2008 abgeschafft wurde und in der Schweiz von den einzelnen Kantonen abhängig ist, wird in Deutschland eine bundeseinheitliche Erbschaftssteuer erhoben. Deren Höhe kann von 7 % bis zu 50 % reichen – abhängig von der Höhe der Erbschaft und der Steuerklasse. Für Ehepartner bzw. eingetragene Lebenspartner sowie für nahe Verwandte gibt es aber relativ hohe Freibeträge, also Beträge, die nicht versteuert werden müssen. Dem Thema Erbschaftssteuer widmet sich insbesondere **Kapitel 3.4** dieses Buches.

Erbschein

Das Wort Erbschein klingt vielleicht etwas unverbindlich, wie z. B. »Abholschein«. Tatsächlich handelt es sich aber um eine amtliche Urkunde. Im Erbschein steht, wer eine verstorbene Person beerbt. Er teilt also mit, wer die Rechtsnachfolge des Erblassers antritt. Eine EU-weit gültige Alternative zum Erbschein ist das europäische Nachlasszeugnis. In **Kapitel 3.3** erhalten Sie weitere Informationen dazu.

Erbvertrag

Ein Erbvertrag stellt eine Alternative zum Testament dar. Er muss zwingend bei einem Notar geschlossen werden. Neben dem Erblasser müssen auch die weiteren Vertragspartner anwesend sein. Häufig setzen sich Ehe- oder Lebenspartner mit einem Erbvertrag gegenseitig als Alleinerben ein. Der Erbvertrag wird in **Kapitel 5** erläutert.

1.1 Testament, Erbfolge und Co.: wichtige Begriffe einfach erklärt

Letzter Wille

Der »letzte Wille« oder auch die »letztwillige Verfügung« sind andere Bezeichnungen für ein Testament, mit dem ein Erblasser festlegt, was nach seinem Ableben mit seinem Vermögen geschehen soll. Zum Schreiben eines Testaments erfahren Sie mehr in **Kapitel 4**.

Organspendeverfügung

Mit einer Organspendeverfügung regeln Sie, ob Sie im Todesfall als Organspender für lebende Personen dienen möchten oder nicht. In diesem Zusammenhang können Sie festlegen, ob Sie Ihren Körper vollständig zur Verfügung stellen wollen oder nur von Ihnen bestimmte Organe. Jeder Mensch kann unabhängig vom Alter und von möglichen Erkrankungen als Organspender dienen. Ob ein Organ verwendet werden kann, entscheiden die Ärztinnen und Ärzte im Einzelfall. Die vereinfachte Form der Organspendeverfügung ist ein Organspendeausweis, den Sie in Ihrer Brieftasche stets dabeihaben können. Lesen Sie zu diesem Thema mehr in **Kapitel 2**.

Pflichtteil

Als Pflichtteil bezeichnet man im Erbrecht den Mindestanteil an einem Erbe. Einen Pflichtteil gibt es für Ehepartner bzw. eingetragene Lebenspartner, für Kinder und Kindeskinder sowie gegebenenfalls für die Eltern. Auf den Pflichtteil und seine Berechnung werden wir in **Kapitel 7** im Zusammenhang mit möglichen Problemen beim Erben und Vererben näher eingehen.

Schenkung

Eine Schenkung, also eine Zuwendung aus dem Vermögen, erfolgt zu Lebzeiten. Erfolgt eine Schenkung innerhalb von zehn Jahren vor dem Tod der schenkenden Person, kann sie auf den Pflichtteil angerechnet werden. Was es bei einer Schenkung unbedingt zu beachten gilt, lesen Sie in **Kapitel 4**.

Testament

Das Wort Testament stammt vom lateinischen »testari«, das so viel bedeutet wie »bezeugen«. Mit einem Testament kann jede Person – in Deutschland ab einem Mindestalter von 16 Jahren – ihren letzten Willen erklären, also festlegen, was nach ihrem Ableben mit dem eigenen Vermögen geschehen soll. Dabei kann man allerdings nicht vollständig nach Belieben über sein Vermögen verfügen, sondern es sind z. B. Pflichtteile zu berücksichtigen. Ein Testament ist in handschriftlicher Form gültig, kann aber auch bei einem Notar errichtet werden. In **Kapitel 4** und **Kapitel 5** lesen Sie mehr darüber.

Vermächtnis

Ein Vermächtnis ist eine Zuwendung an eine Person durch den Erblasser, ohne dass die Person selbst Erbe wird. Bei dem Vermächtnis kann es sich um einen Gegenstand, einen Geldbetrag, aber auch um ein eingeräumtes Recht (z. B. ein Wohnrecht) handeln. Ein Vermächtnis wird nach der Erbschaft gegenüber den Erben geltend gemacht. Auch zu diesem Thema mehr in **Kapitel 4**.

Ein paar Worte zum Thema Geschlechtsneutralität

Dieses Buch richtet sich selbstverständlich an Personen jeden Geschlechts. Ich versuche, Frauen, Männer sowie Diverse möglichst geschlechtsneutral anzusprechen. An vielen Stellen im Buch gelingt dies allerdings nicht – es wäre ansonsten schlicht schlechter lesbar geworden. Für die Stellen, an denen nur die männliche Form verwendet wird – z. B. »der Erblasser« statt »der/die Erblasser(in)« – bitte ich vorab um Verständnis.

Ein Erbvertrag wird von beiden Parteien unterzeichnet.

1.2 Checkliste:

Vererben – das ist zu tun

Sie möchten, dass nach Ihrem Ableben alles geregelt ist. Sie wollen Ihr Vermögen gerecht verteilen und Ihre Partnerin oder Ihren Partner gut versorgt wissen. Die folgende Checkliste enthält dazu die wichtigsten Schritte. Haken Sie darin ab, was Sie bereits erledigt haben. So haben Sie stets den Überblick, was noch zu tun ist. Im weiteren Verlauf dieses Buches finden Sie die entsprechenden Informationen und einige nützliche Formulare.

Vorsorge

- ☐ Ich habe geklärt, wer sich um meine Angelegenheiten kümmert, wenn ich dazu einmal nicht mehr selbst in der Lage sein sollte. Auf dieser Basis habe ich eine Vorsorgevollmacht oder Betreuungsverfügung erstellt. Bei Bedarf habe ich die Vorsorgevollmacht notariell beglaubigen lassen, was eventuell notwendig ist, damit die bevollmächtigte Person auch im Zusammenhang mit Grundstücksgeschäften aktiv werden kann.

- ☐ Ich habe bei Bedarf noch weitere Vollmachten erstellt wie eine Bankvollmacht für den Zugriff auf meine Bankkonten oder eine Postvollmacht, die es der bevollmächtigten Person erlaubt, meine Post anzunehmen und zu öffnen.

- ☐ Ab welchem Umstand soll auf lebensverlängernde Maßnahmen verzichtet werden? Ich habe in einer Patientenverfügung meine Behandlungswünsche aufgeschrieben, für den Fall, dass ich diese den Ärztinnen und Ärzten später nicht mehr mitteilen kann.

- ☐ Auch wenn es äußerst unangenehm war: Ich habe mir vorgestellt, eines Tages pflegebedürftig zu sein und in dieser Vorstellung meine Wünsche bezüglich meiner Pflege ermittelt. Auf dieser Basis habe ich eine Pflegeverfügung erstellt in dem Wissen, dass diese nicht rechtlich bindend ist.

- ☐ Ich habe mir ausgemalt, wie ich eines Tages bestattet werden möchte, ob ich eine Traueranzeige wünsche oder das Versenden von Trauerkarten. Meine daraus abgeleiteten Wünsche habe ich, getrennt von meinem Testament, in einer Bestattungsverfügung aufgeschrieben.

- [ ] Mit einer Organspendeverfügung habe ich detailliert geklärt, ob und welche Organe mir nach meinem Ableben entnommen werden dürfen. In vereinfachter Form kann ich diese Wünsche auch in einem Organspendeausweis mitteilen, den ich in meiner Brieftasche stets bei mir tragen kann.

- [ ] Damit meine Dokumente berücksichtigt werden können, müssen diese leicht auffindbar sein. Ich habe deshalb einen Vorsorgeordner angelegt, in dem ich alle relevanten Dokumente sammle.

Nachlassplanung

- [ ] Ich habe eine genaue Aufstellung über mein Vermögen sowie gegebenenfalls über meine Verbindlichkeiten erstellt. Dazu gehören Bankverbindungen, Kontostände, Depotstände, Immobilien im In- und Ausland, Edelmetalle und kostbarer Schmuck, Kryptowährungen, Sammelobjekte von Wert, Fahrzeuge, aber eben auch Schulden, ausstehende Steuerzahlungen und sonstige finanzielle Verpflichtungen. Man spricht in diesem Zusammenhang auch von Aktiva und Passiva.

- [ ] Wer soll mein Vermögen erben und zu welchen Teilen? Darüber habe ich mir Gedanken gemacht. Entsprechen die Anteile denen der gesetzlichen Erbfolge, brauche ich kein Testament zu errichten. Will ich mein Vermögen hingegen von der gesetzlichen Erbfolge abweichend verteilen, ist ein Testament erforderlich.

- [ ] Ich habe mir mithilfe der Inhalte dieses Buches klargemacht, ob ein Testament oder ein Erbvertrag die beste Variante zum Vererben meines Vermögens ist, und gegebenenfalls auch Betroffene in die Überlegungen einbezogen.

- [ ] Gibt es Personen oder Organisationen, die ich zwar nicht als Erben einsetzen will, denen ich aber Gegenstände oder Geldbeträge vermachen möchte? Auch über mögliche Vermächtnisnehmer habe ich mir Gedanken gemacht.

- [ ] Warum eigentlich bis nach dem Tod warten? Erbschaft und Schenkung haben die gleichen Freibeträge, deshalb habe ich mir überlegt, ob ich mir nahestehenden Personen schon zu meinen Lebzeiten Teile meines Vermögens zukommen lassen kann und möchte.

- [ ] Auch Haustiere zählen zum Nachlass. Ich habe geklärt, wer sich nach meinem Ableben um Waldi, Maunzi und Fipsi kümmert.

1.2 Checkliste:
Vererben – das ist zu tun

Nachlassregelung

- [ ] Mithilfe der Inhalte dieses Buches habe ich berechnet, welchen Personen in welcher prozentualen Höhe ein Pflichtteil meines Vermögens zusteht, und berücksichtige das so in meinem Testament oder Erbvertrag.

- [ ] Nachdem ich alle oben genannten Vorüberlegungen getroffen habe, habe ich im Vollbesitz meiner geistigen Kräfte handschriftlich ein Testament geschrieben, dieses mit einem Datum und mit meiner Unterschrift versehen. Falls ich ein großes Vermögen zu vererben habe, habe ich einen Termin bei einem Notar meiner Wahl vereinbart und mit diesem gemeinsam mein Testament erstellt.

- [ ] Ich habe meinen digitalen Nachlass geregelt: Dazu habe ich eine Aufstellung aller meiner Benutzerkonten und Zugangsdaten erstellt, nicht benötigte Benutzerkonten gelöscht und bei großen Anbietern wie Google festgelegt, was mit meinen Daten nach meinem Ableben – oder nach längerer Inaktivität – geschehen soll.

1.3 Checkliste:
Erben – das ist zu tun

Sie können mit einer Erbschaft rechnen oder haben bereits geerbt? Was kommt nun auf Sie zu? Wäre es vielleicht besser, das Erbe auszuschlagen? Klären Sie das mithilfe der folgenden Checkliste. Haken Sie ab, was Sie bereits erledigt haben. Die entsprechenden Informationen erhalten Sie in den folgenden Kapiteln dieses Buches.

Nach einem Todesfall

- ☐ Bei einem Todesfall im häuslichen Umfeld wurde eine Ärztin oder ein Arzt hinzugezogen, um einen Totenschein auszustellen.
- ☐ Mit dem Totenschein wurde beim zuständigen Standesamt eine Sterbeurkunde beantragt.
- ☐ Alle näheren Angehörigen und Betroffenen wurden schnellstmöglich über den Todesfall informiert.
- ☐ Auch weitere relevante Stellen wurden zeitnah über den Todesfall informiert: das Finanzamt, die Rentenversicherung, die Krankenversicherung, die Lebensversicherung, Banken, Vermieter, Arbeitgeber.
- ☐ Wurde ein Testament gefunden, ist dieses zeitnah beim zuständigen Nachlassgericht (Amtsgericht) abgegeben worden.
- ☐ Die Bestattung wurde organisiert inklusive der Planung von Traueranzeige, Trauerkarten, Trauerfeier usw. Die gegebenenfalls gefundene Bestattungsverfügung wurde hierbei berücksichtigt.
- ☐ Verträge und Konten der verstorbenen Person wurden aufgelöst. Hierbei wurden auch Internetkonten und -abos berücksichtigt.
- ☐ Eine eventuelle Mietwohnung des Verstorbenen wurde gekündigt und geräumt.
- ☐ Gegebenenfalls wurde bei der Rentenversicherung eine Hinterbliebenenrente beantragt.
- ☐ Gegebenenfalls wurde geklärt, wer sich – zunächst vorübergehend – um ein oder mehrere Haustiere der verstorbenen Person kümmert.

1.3 Checkliste:

Erben – das ist zu tun

Erben oder nicht erben?

- ☐ Gegebenenfalls zusammen mit anderen engen Angehörigen wurde der Nachlass der verstorbenen Person gesichtet. Es wurde geklärt, welche Aktiva und welche Passiva bestehen und ob eventuell noch Steuererklärungen ausstehen. Persönliche Dokumente wurden sorgfältig verpackt und gelagert.

- ☐ Bestand der Verdacht, dass Sie eher Schulden als ein Vermögen erben, haben Sie das Erbe ausgeschlagen. Hierfür haben Sie sechs Wochen Zeit ab dem Zeitpunkt, ab dem Sie wissen, dass Sie Erbe sind. Das Ausschlagen des Erbes kann persönlich beim zuständigen Nachlassgericht (Amtsgericht) erfolgen.

- ☐ Treten Sie ein Erbe an, haben Sie bei Bedarf beim zuständigen Nachlassgericht (Amtsgericht) einen Erbschein beantragt. Der Erbschein dient dazu, sich bei Banken, Ämtern usw. als Erbe der verstorbenen Person auszuweisen.

Umgang mit dem Erbe

- ☐ Gibt es weitere Erben, haben Sie gemeinsam das weitere Vorgehen besprochen. Dies ist insbesondere dann wichtig, wenn eine oder mehrere Immobilien gemeinsam geerbt wurden.

- ☐ Falls neben den Erben auch Vermächtnisnehmer im Testament der verstorbenen Person berücksichtigt wurden, sind die Vermächtnisse entsprechend auszuhändigen, also z. B. Gegenstände oder bestimmte Geldbeträge, die dem Erbe entnommen werden.

- ☐ Die Erbschaft wurde innerhalb von drei Monaten nach dem Tod des Erblassers dem zuständigen Finanzamt gemeldet.

- ☐ Nachdem die Höhe des Erbes festgestellt wurde, haben Sie die anfallende Erbschaftssteuer berechnet und dabei die für Sie geltenden Freibeträge berücksichtigt. Bei Immobilien kann es sich anbieten, den Verkehrswert durch ein professionelles Gutachten ermitteln zu lassen. Bis Sie vom Finanzamt den Erbschaftssteuerbescheid erhalten, kann längere Zeit vergehen.

- ☐ Wenn Sie ein Vermögen geerbt haben, wurde dieses von der verstorbenen Person unter Umständen hart erarbeitet und zusammengespart. Sie haben sich deshalb genau überlegt, wie Sie das Erbe sinnvoll einsetzen und investieren.

So trennen Sie die Formulare unbeschädigt aus dem Buch

Die Formulare im Formularteil dieses Buches ab Seite 129 sind mit einer Perforation versehen, damit Sie diese aus dem Buch heraustrennen können. Das erspart Ihnen den Gang zum Copyshop. Um die Formulare unbeschädigt aus dem Buch heraustrennen zu können, empfehle ich Ihnen, das Papier entlang der Perforation zunächst ein paar Mal zu falten und das Formular erst anschließend durch vorsichtiges seitliches Ziehen aus dem Buch zu lösen. Viele Leser werden dieses Prinzip zum Beispiel von Collegeblocks kennen. Die Formulare werden außerdem als kostenloser Download auf der Website des Verlags Markt+Technik angeboten. Die Webadresse finden Sie auf Seite 1.

Statt die Formulare aus dem Buch zu trennen oder heruntergeladene Formulare auszudrucken, können Sie alternativ die Inhalte der Formulare als Bausteine für handschriftlich verfasste Verfügungen und Vollmachten verwenden. Handschriftliche Dokumente bieten den zusätzlichen Vorteil einer höheren Rechtssicherheit. Unabhängig davon, ob Sie sich für ein Formular oder ein handschriftliches Dokument entscheiden, müssen Sie ein Dokument jeweils mit Ort, Datum und einer eigenhändigen Unterschrift versehen. Vor- und Nachname sollten hierbei ausgeschrieben werden.

2

Auf Leben und Tod:

Sorgen Sie vor

Sie möchten Ihren Lieben kein Chaos hinterlassen, wenn Ihr Leben zu Ende geht. Und Sie möchten ganz sicher auch Ihre letzten Jahre und Stunden in Würde verleben. Bevor Sie darangehen, Ihren Nachlass zu planen, ist es deshalb erforderlich, sich einmal gründlich mit dem Thema Vorsorge zu befassen. Dazu dient dieses Kapitel. Wünschen Sie sich noch mehr Informationen zum Thema Vorsorge sowie alle benötigten Formularvorlagen dazu, erlaube ich mir, Ihnen an dieser Stelle das von mir verfasste und ebenfalls bei Markt+Technik erschienene Buch »Das große Vorsorge-Paket« (ISBN 978-3-95982-258-9) zu empfehlen.

Doch zurück zur Vorsorge. Im ersten Kapitel ist bereits angeklungen, was alles dazugehört – von der Patientenverfügung bis hin zur Bestattungsverfügung. Erhalten Sie in diesem Kapitel nähere Informationen zu den einzelnen Bausteinen einer gelungenen Vorsorge. Denken Sie aber daran, dass das Lesen der Inhalte allein nicht ausreicht. Sie sollten auch zeitnah entsprechende Dokumente aufsetzen und sich dazu auch mit Ihren engen Angehörigen besprechen.

2.1 Patientenverfügung

Die meisten Menschen wünschen sich entweder, dass sie einmal friedlich einschlafen, während ihnen geliebte Menschen die Hand halten. Oder sie möchten schlicht tot umfallen. Das kann selbstverständlich so kommen, aber es sind auch andere Szenarien möglich, z. B. ein längerer Sterbeprozess oder eine Demenz. Mit einer Patientenverfügung erklären Sie, welche Behandlungen Sie wünschen und welche Sie nicht wünschen für den Fall, dass Sie später einmal nicht mehr in der Lage sein sollten, sich dazu zu äußern.

Die Patientenverfügung wird in Paragraf 1827 des Bürgerlichen Gesetzbuches (BGB) geregelt. Bis Ende 2022 war dies übrigens der BGB-Paragraf 1901a, falls Ihnen ein älterer Gesetzestext vorliegt. In dem Paragrafen ist zu lesen, dass das Erstellen einer Patientenverfügung nur volljährigen und gleichzeitig »einwilligungsfähigen« Personen möglich ist. Das bedeutet, dass die Person noch imstande ist, die Inhalte der Patientenverfügung zu erfassen. Etwa im Falle einer fortschreitenden Demenz könnte es für das Erstellen einer Patientenverfügung also bereits zu spät sein.

Des Weiteren steht in dem Paragrafen, dass die Patientenverfügung von einem Betreuer zu berücksichtigen ist, um die Behandlungswünsche der Person zu ermitteln. Der Betreuer kümmert sich um die Belange des Patienten, sollte dieser dazu nicht mehr selbst in der Lage sein. Wenn keine Patientenverfügung vorliegt, müsste der Betreuer versuchen, anhand früherer Äußerungen, religiöser Überzeugungen usw. die Behandlungswünsche des Patienten abzuleiten.

Die Patientenverfügung bezieht sich nicht auf konkrete anstehende Behandlungen. Es wird darin allgemein mitgeteilt, welche Behandlungen eine Person ausdrücklich wünscht oder ausdrücklich nicht wünscht. Manche Personen wollen z. B. auf lebenserhaltende Maßnahmen um jeden Preis verzichten, während andere Personen jede mögliche lebenserhaltende Maßnahme in Anspruch nehmen möchten. Bestimmen Sie dies in der Patientenverfügung!

Selbstverständlich – so steht es ebenfalls in dem Paragrafen – muss eine Patientenverfügung absolut freiwillig erstellt werden und darf nicht zur Bedingung etwa für einen Vertragsabschluss gemacht werden.

Hinweis: Aktualität von Daten und Gesetzen

Sie finden in diesem Buch eine Reihe von Daten und Gesetzen. Beachten Sie hierbei, dass es sich um den jeweiligen Stand bei Redaktionsschluss handelt. Selbstverständlich können sich die Daten und Gesetze im Lauf der Jahre verändern.

In welchem Fall sollte ich eine Patientenverfügung erstellen?

Kurze Antwort: **in jedem Fall**. Eine Patientenverfügung ist zwar keine Pflicht, und vielleicht muss nie in Ihrem Leben darauf zugegriffen werden. Allerdings sind schwere Krankheiten oder Unfälle stets möglich. Und für einen solchen Fall sollten Sie in einer Patientenverfügung Ihre Behandlungswünsche darlegen. Sie regeln damit nicht nur Ihre eigene Behandlung, sondern entlasten auch diejenigen Personen, denen sonst im Ernstfall schwerwiegende Entscheidungen auferlegt würden.

An wen richtet sich die Patientenverfügung?

Mit einer Patientenverfügung teilen Sie den behandelnden Ärztinnen und Ärzten sowie dem Pflegepersonal im Krankenhaus Ihre Behandlungswünsche mit. Legen Sie z. B. fest, ob Sie künstlich ernährt oder beatmet werden wollen oder nicht, falls Sie sich in einem fortgeschrittenen Sterbeprozess ohne Hoffnung auf Genesung befinden. Liegt keine Patientenverfügung vor, müssten darüber andere Personen entscheiden.

Wie lege ich eine Patientenverfügung an?

Eine Patientenverfügung wird schriftlich niedergelegt, mit Datum versehen und eigenhändig unterschrieben. Lassen Sie sich außerdem von einer Ärztin oder einem Arzt Ihre Einwilligungsfähigkeit bestätigen. Ab diesem Moment ist sie grundsätzlich dauerhaft gültig und rechtlich verbindlich – solange die Inhalte der Patientenverfügung nicht gegen geltendes Recht verstoßen. Außer konkreten Behandlungswünschen können Sie in einer Patientenverfügung auch bestimmte Wertvorstellungen formulieren, aus denen dann mögliche Behandlungen bzw. Nichtbehandlungen abgeleitet werden können.

Mit einer Patientenverfügung geben Sie Auskunft über Ihre zukünftigen Behandlungswünsche – falls Sie sich irgendwann nicht mehr dazu äußern können.

2.1 Patientenverfügung

Sie müssen die Patientenverfügung nicht zwingend frei formulieren, sondern können auch ein Formular zum Ankreuzen verwenden, wie Sie es zum Heraustrennen in dem auf Seite 21 erwähnten Vorsorgeplaner finden. Aufgrund der vielen medizinischen Formulierungen kann das Formular zum Ankreuzen Ihnen sogar dabei helfen, Fehler zu vermeiden. Ein Formular soll Sie aber nicht dazu verleiten, das Thema im Schnelldurchgang abzuhaken. Machen Sie sich im Gegenteil zu jedem Punkt ausführliche Gedanken, bevor Sie etwas ankreuzen.

In diesem Buch finden Sie zwar wichtige Informationen zum Thema, es könnte sich jedoch anbieten, sich zusätzlich von anderen Personen beraten zu lassen, etwa von Ihrem behandelnden Arzt oder einer Beratungsstelle, die sich solchen Themen widmet.

Sie können auch mehrere Exemplare einer Patientenverfügung erstellen, um sie verschiedenen Personen zur Aufbewahrung zu geben. Beachten Sie jedoch, dass es sich um Originale handeln muss. Eine Kopie wäre rechtlich nicht verbindlich. Prüfen Sie am besten alle zwei oder drei Jahre, ob die Patientenverfügung noch Ihren aktuellen Ansichten und Lebensumständen entspricht.

Kann ich eine Patientenverfügung widerrufen?

Sie können eine Patientenverfügung jederzeit formlos widerrufen. Erstellen Sie eine geänderte Patientenverfügung mit einem neueren Datum, wird die ältere Patientenverfügung hierdurch ebenfalls ungültig. Übrigens muss der Widerruf einer Patientenverfügung nicht unbedingt schriftlich erfolgen, dies wäre auch durch ein Kopfschütteln oder eine andere eindeutige Geste möglich. Und falls Sie aus einem Koma erwachen, gilt selbstverständlich wieder das, was Sie sagen, und nicht das, was Sie irgendwann einmal aufgeschrieben haben.

Ist die Patientenverfügung auch im Ausland gültig?

Natürlich kann auch auf Reisen oder nach einer Auswanderung etwas passieren. Die hier beschriebene Patientenverfügung basiert auf dem deutschen Recht. Wenn Sie planen, sich länger in einem anderen Land aufzuhalten, setzen Sie sich unbedingt mit der dort herrschenden Gesetzeslage auseinander. Wichtig ist außerdem eine Reisekrankenversicherung, die im Ernstfall einen zeitnahen Rücktransport ermöglicht.

2.2 Organspendeverfügung

Dürfen Ihrem Körper nach Ihrem Ableben Organe entnommen werden, um damit anderen Menschen zu helfen, die auf eine Organspende angewiesen sind? Erklären Sie dies mit einer Organspendeverfügung. Zusätzlich können Sie einen Organspendeausweis stets bei sich tragen, sozusagen eine Organspendeverfügung im Kleinformat.

Einen Organspendeausweis können Sie z. B. von Ihrer Krankenkasse erhalten oder unter der folgenden Webadresse anfordern: www.organspende-info.de. Das Thema Organspende wird im Transplantationsgesetz (TPG) unter dem Titel »Gesetz über die Spende, Entnahme und Übertragung von Organen und Geweben« geregelt. Der Handel mit Organen ist in Deutschland streng verboten.

In Deutschland gilt die sogenannte Entscheidungslösung. Das heißt, eine Person erklärt zu Lebzeiten, ob und welche Organe ihr nach dem Tod entnommen werden dürfen. Liegt keine Organspendeverfügung vor, werden die Angehörigen dazu befragt. Wichtig zu wissen: In anderen Ländern kann das anders gehandhabt werden, d. h., Ihnen könnten unter Umständen nach einem tödlichen Unfall Organe entnommen werden, selbst wenn Sie in Deutschland eine Organspendeverfügung erstellt haben und sich darin gegen eine Organentnahme ausgesprochen haben. Unter der Webadresse www.organspende-info.de finden Sie deshalb auch Organspendeausweise in verschiedenen Sprachen.

In Österreich, Italien, Frankreich, den Niederlanden und anderen Ländern gilt die Widerspruchslösung. Dort dient jede Person als Organspenderin oder Organspender, außer es wird dem ausdrücklich widersprochen. In Deutschland wurde die Widerspruchslösung 2020 im Bundestag abgelehnt.

Ob ein Organ als Spenderorgan dienen kann, hängt von dessen Erhaltungszustand ab, also nicht direkt vom Alter der Organspenderin oder des Organspenders. Und es ist natürlich so, dass sich jüngere Organe zwar besser für eine Transplantation eignen mögen, aber viel mehr Organe älterer Personen zur Verfügung stehen, da diese in größerer Zahl sterben.

Eine Organspendeverfügung kann bereits ab dem 14. Geburtstag formuliert werden, jedoch nur dahingehend, dass eine Organspende nach dem Tod abgelehnt wird. Sich für eine Organspende zu entscheiden, ist hingegen erst ab dem 16. Geburtstag möglich, davor entscheiden die Eltern darüber.

2.2 Organspendeverfügung

Wie läuft eine Organspende ab?

Eine Organspende ist erst ab dem Zeitpunkt möglich, zu dem vom Ärzteteam der Hirntod festgestellt wurde. Der bedeutet, dass das Ende der Hirnfunktionen nicht mehr umkehrbar ist. Das Herz-Kreislauf-System wird künstlich aufrechterhalten. In gewissem Sinn lebt der Körper also noch weiter.

Eine Organspende läuft ähnlich ab wie eine Operation an einem lebenden Menschen: Der Körper wird aufgeschnitten, das Organ wird entnommen, anschließend wird der Körper wieder zugenäht. Es wird geprüft, ob das entnommene Organ für eine Transplantation geeignet ist. Auch die Blutgruppe wird ermittelt. Das gespendete Organ erhält dann diejenige Person, die auf der Warteliste für das betreffende Organ ganz oben steht. Nun muss alles schnell gehen! Bereits, während das Organ zum Empfänger transportiert wird, wird alles für die Transplantation vorbereitet.

Kann ich meine Organe auch der Wissenschaft spenden?

Es besteht grundsätzlich die Möglichkeit, den eigenen toten Körper für wissenschaftliche Zwecke zur Verfügung zu stellen, etwa um angehenden Medizinern zu Demonstrationszwecken zu dienen. Dies hat allerdings nichts mit einer Organspende im oben beschriebenen Sinn zu tun. Wenn Sie das in Erwägung ziehen, würden Sie eine Vereinbarung direkt mit einer entsprechenden Universität treffen. Ein Vorteil bestünde darin, dass Sie sich die Kosten für Ihre Bestattung sparen würden. Die Bestattung erfolgt dann allerdings oft erst zwei Jahre nach Ihrem Ableben. Bevor Sie eine solche Entscheidung treffen, sollten Sie sich mit Ihren engsten Angehörigen besprechen.

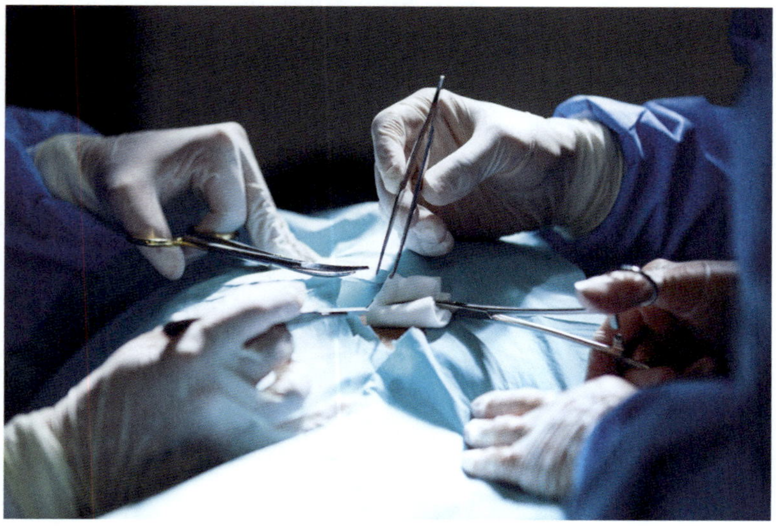

Eine Organspende kann Leben retten, aber nicht jeder kann sich vorstellen, einmal seine Organe zu spenden.

2.3 Pflegeverfügung

Es könnte sein, dass Sie einmal gepflegt werden müssen, Ihre diesbezüglichen Wünsche aber nicht mehr äußern können. Für einen solchen Fall setzen Sie eine Pflegeverfügung auf. Im Gegensatz zur Patientenverfügung ist die Pflegeverfügung allerdings rechtlich nicht bindend. Sie kann dem Pflegepersonal jedoch wichtige Hinweise über Ihre Vorlieben und No-Gos liefern.

Die Zahl der Pflegebedürftigen in Deutschland wächst rasant. Waren im Jahr 1999 noch rund zwei Millionen Menschen pflegebedürftig, zählte man im Jahr 2023 bereits 5,7 Millionen pflegebedürftige Personen. Von diesen wurden 86 % zu Hause und 14 % in Pflegeheimen versorgt.

Auf Pflegestationen muss die Arbeit häufig eng getaktet werden, da es hinten und vorn an Pflegepersonal mangelt. Diese Situation sollten Sie sich beim Verfassen einer Pflegeverfügung vor Augen führen. So wäre ein Wunsch, dass eine Pflegekraft sich jeden Nachmittag eine Stunde zu Ihnen setzt und Ihnen Märchen vorliest, unrealistisch. Aber z. B. könnten Ihre Musikvorlieben berücksichtigt werden, und es könnten statt Volksmusik die Beatles oder Beethoven abgespielt werden.

Das Thema Pflegebedürftigkeit wird in Paragraf 14 des Sozialgesetzbuches (elftes Buch) definiert. Paragraf 15 liefert die Anhaltspunkte für die Bestimmung des Pflegegrads. Am höchsten gewichtet werden hier mit 40 % Defizite bei der Selbstversorgung, während beispielsweise mangelnde Mobilität lediglich mit 10 % gewichtet wird.

Ab wann muss man ins Pflegeheim?

In Ihrer Pflegeverfügung können Sie selbstverständlich auch den Wunsch äußern, zu Hause gepflegt zu werden. Vielleicht stehen dafür pflegende Angehörige oder eventuell Pflegekräfte aus dem Ausland zur Verfügung. Das Bundesministerium für Gesundheit hat für das Thema Pflege zu Hause eine Informationsseite eingerichtet, auf der von finanziellen Leistungen bis hin zu Pflegekursen für Angehörige alles behandelt wird: www.bundesgesundheitsministerium.de/pflege-zu-hause.html.

Sind im Pflegeheim Haustiere erlaubt?

In manchen Pflegeheimen ist das Halten von Haustieren gestattet, sodass Sie z. B. Ihre Kanarienvögel mitnehmen können. Es ist aber auf alle Fälle erforderlich, sich im Voraus zu erkundigen, denn jemand muss ja auch die Haustiere pflegen. Auf gar keinen Fall dürfen Haustiere

2.3 Pflegeverfügung

mitgebracht werden, die andere Bewohner stören könnten. Sie sollten sich außerdem Gedanken machen, ob es tatsächlich auch für das Tier das Beste wäre, wenn es im Pflegeheim sein Dasein fristet.

Wer zahlt für das Pflegeheim?

In diesem Buch geht es ja hauptsächlich ums Erben und Vererben. Allerdings kann ein Vermögen bei einem längeren Aufenthalt im Pflegeheim aufgebraucht werden. Die Leistungen der Pflegeversicherung reichen für die Unterbringung in einem Pflegeheim bei Weitem nicht aus. Der Eigenanteil liegt aktuell bei rund 3.000 Euro monatlich, wobei sich die Kosten in den nächsten Jahren weiter erhöhen dürften. Reichen Einkommen und Vermögen nicht aus, trägt das Sozialamt den Rest. Ein Schonbetrag von 5.000 Euro sowie ein selbst bewohntes Haus oder eine Eigentumswohnung bleiben hierbei unberücksichtigt.

In bestimmten Fällen können in Deutschland auch die Kinder für den Elternunterhalt und damit auch für die Beteiligung an den Pflegekosten herangezogen werden, allerdings seit dem 1. Januar 2020 nur noch dann, wenn das Kind ein Bruttoeinkommen von mehr als 100.000 Euro im Jahr hat.

Die Unterbringung in einem Pflegeheim ist mit hohen Kosten verbunden, oft ist aber eine häusliche Pflege möglich.

Welche Form sollte die Pflegeverfügung haben?

Die Pflegeverfügung ist nicht rechtlich geregelt. Sie muss weder eine bestimmte Form noch einen bestimmten Inhalt haben. Schreiben Sie einfach Ihre Wünsche an das Pflegepersonal auf. Fassen Sie sich dabei eher kurz, denn die Pflegekräfte stehen oft unter erheblichem Zeitdruck. Versetzen Sie sich einmal in diese Situation, die hoffentlich nie eintreten wird, und schreiben Sie auf, was Ihnen wichtig erscheint.

2.4 Betreuungsverfügung und Vorsorgevollmacht

Wenn von Vorsorge die Rede ist, geht es immer um Situationen, in denen Sie Ihre eigenen Angelegenheiten gar nicht mehr oder nicht mehr vollständig selbst regeln können. Eine Vorstellung, die wir alle lieber vermeiden. Allerdings ist die Beschäftigung mit dem Thema sehr wichtig. Denn wenn Sie keinen Betreuer bzw. Bevollmächtigten bestimmen, wird es für Ihre Angehörigen sehr kompliziert, sich um Ihre Belange zu kümmern. Gegebenenfalls wird ein gesetzlicher Betreuer von einem Betreuungsgericht eingesetzt.

Zumindest für nicht getrennt lebende Ehegatten schafft eine am 1. Januar 2023 in Kraft getretene Reform des Betreuungsrechts ein wenig organisatorische Erleichterung. Das in § 1358 BGB geregelte Ehegattennotvertretungsrecht sieht vor, dass im Notfall ein Ehegatte für den anderen über Gesundheitsbelange entscheiden darf, also etwa über Heilbehandlungen oder Krankenhausverträge. Allerdings ist das Ehegattennotvertretungsrecht auf sechs Monate begrenzt und bezieht sich ausschließlich auf die Vertretung in Gesundheitsbelangen.

Falls Sie keine Vertretung durch den Ehegatten wünschen, können Sie dem Ehegattennotvertretungsrecht formlos widersprechen oder eine andere bevollmächtigte Person bestimmen. Ein Betreuer bzw. ein Bevollmächtigter trifft Entscheidungen für Sie, wenn Sie dies nicht mehr selbst tun können. Sie können einem Bevollmächtigten weitreichende Befugnisse erteilen, die weit über gesundheitliche Fragen hinausgehen, z. B. können Sie ihm den Zugriff auf Ihr Bankkonto gewähren.

Was ist der Unterschied zwischen Betreuer und Bevollmächtigtem?

Wenn Sie sich irgendwann nicht mehr um Ihre Angelegenheiten kümmern können, etwa im Fall einer fortgeschrittenen Demenz, muss dies jemand anders für Sie tun. Da geht es um Fragen der Unterbringung und Behandlung genauso wie um alltägliche Dinge wie Geldangelegenheiten oder das Annehmen von Post oder Telefonanrufen. Auf alle Fälle gibt es eine Menge zu tun! Nun stellt sich die Frage, wer all diese Dinge erledigt. Hierfür kommt entweder ein Betreuer/eine Betreuerin oder eine bevollmächtigte Person infrage.

Während ein Betreuer vom Gericht bestimmt wird (wobei die Wünsche der betreuten Person zu berücksichtigen sind), setzen Sie einen Bevollmächtigten selbst ein und statten ihn mit den benötigten Vollmachten aus. Beim Betreuer kann es sich entweder um einen Angehörigen oder um einen Ihnen völlig fremden Berufsbetreuer handeln, der Bevollmächtigte ist eine Ihnen nahestehende Person, der Sie absolutes Vertrauen entgegenbringen.

2.4 Betreuungsverfügung und Vorsorgevollmacht

Zunächst noch etwas mehr zum Betreuer. Dieser wird vom Gericht kontrolliert, und die Entscheidungen, die er für die zu betreuende Person trifft, müssen vom Gericht genehmigt werden, da er ja keine Vollmacht besitzt. Gewissermaßen ist eine Betreuung also ein Bürokratiemonstrum, wobei die gerichtlichen Entscheidungen natürlich in erster Linie dazu da sind, Ihre Interessen zu wahren. Das Thema Betreuung wird im Bürgerlichen Gesetzbuch (BGB) ab Paragraf 1814 geregelt.

Tipp

In diesem Buch werden zahlreiche Paragrafen erwähnt. Sie können sämtliche Gesetzestexte kostenlos im Internet aufrufen. Gehen Sie dazu auf die Seite www.gesetze-im-internet.de des Bundesministeriums der Justiz. Suchen Sie nach dem jeweiligen Gesetzbuch und dem Paragrafen.

Aufgrund des hohen bürokratischen Aufwands ist der Vorschlag eines Betreuers mithilfe einer Betreuungsverfügung nur die zweite Wahl gegenüber einer Vorsorgevollmacht. Es sei Ihnen aber trotzdem empfohlen, zusätzlich zu einer Vorsorgevollmacht eine Betreuungsverfügung zu erstellen, und zwar für den Fall, dass eine bevollmächtigte Person die Vollmacht nicht mehr ausüben kann oder möchte.

Mit einer Vorsorgevollmacht statten Sie eine Person mit allen erforderlichen Vollmachten aus. Sie erteilen dieser Person also den Auftrag, in Ihrem Namen zu agieren. Vielleicht haben Sie in Ihrem Leben schon einige Vollmachten erteilt, z. B. für das Anmelden eines neu gekauften Autos oder zum Abstimmen bei einer Eigentümerversammlung. Genauso können Sie eine Vorsorgevollmacht und verschiedene zusätzliche Vollmachten (Bank, Post usw.) erteilen. Die bevollmächtigte Person kann dann in den entsprechenden Belangen frei entscheiden.

Die bevollmächtigte Person übernimmt also auch die Aufgaben, die ein Betreuer übernehmen würde, hat bei der Erfüllung der Aufgaben aber mehr Befugnisse als dieser, nämlich alle Befugnisse, für die Sie eine Vollmacht erteilen.

Wenn Sie einer Person Vollmachten erteilen, sollten Sie ihr hundertprozentig vertrauen können.

Dass Sie nur einer absolut vertrauenswürdigen Person eine Vorsorgevollmacht erteilen sollten, ist natürlich klar. Denn die größere Handlungsfreiheit des Bevollmächtigten bringt es mit sich, dass dieser einer geringeren Kontrolle unterliegt.

Wer kommt als Betreuer oder Bevollmächtigter infrage?

Bei der Auswahl eines Betreuers oder Bevollmächtigten ist Vertrauen das wichtigste Kriterium, denn die Person muss eventuell Ihre persönlichen Unterlagen sichten oder auf Ihr Bankkonto zugreifen. Das würden Sie am liebsten nur engen Verwandten und Freunden erlauben. Neben dem Kriterium **Vertrauen** spielen aber noch zwei weitere Kriterien eine Rolle, nämlich **Zeit** und **Kompetenz**.

Die betreffende Person muss genügend Zeit haben, um sich um Ihre Belange kümmern zu können. Hat Ihr ältester Sohn eine 50-Stunden-Arbeitswoche, wird er sich in seiner Freizeit nicht noch mit der Tätigkeit als Betreuer oder Bevollmächtigter herumschlagen wollen. Wählen Sie besser eine Person aus, die zeitlich weniger eingespannt ist, etwa eine Freundin, die bereits in Rente ist. Und selbstverständlich sollte auch eine gewisse Kompetenz vorhanden sein, um Ihre Angelegenheiten sachgerecht regeln zu können. Trauen Sie das der infrage kommenden Person zu?

Schließlich muss die Person, die Sie »auswählen«, auch dazu bereit sein, die Rolle des Betreuers oder Bevollmächtigten zu übernehmen. Besprechen Sie dies mit der Person am besten in aller Ruhe bei einem leckeren selbst gekochten Abendessen. Falls Sie über ausreichende finanzielle Mittel verfügen, können Sie dem Betreuer oder Bevollmächtigten eine Aufwandsentschädigung in Aussicht stellen ab dem Zeitpunkt, ab dem er als Betreuer oder Bevollmächtigter Ihre Belange vertritt. Alternativ können Sie die Person auch testamentarisch in Ihr Erbe einschließen.

Für Betreuer ist die Aufwandspauschale im BGB-Paragrafen 1878 geregelt. Der Geldbetrag entspricht demzufolge dem »17-fachen dessen, was einem Zeugen als Höchstbetrag der Entschädigung für eine Stunde versäumter Arbeitszeit gewährt werden kann« (§ 22 des Justizvergütungs- und -entschädigungsgesetzes). Ist die betreute Person mittellos, kann die Zahlung der Aufwandsentschädigung durch die Staatskasse verlangt werden.

Kann ein Betreuer gleichzeitig ein Bevollmächtigter sein?

Wenn Sie eine Person nicht mit allen notwendigen Vollmachten ausstatten, würden für diese Angelegenheiten weiterhin die Entscheidungen eines Betreuers erforderlich sein. Betreuer und Bevollmächtigter können eine Person, aber auch verschiedene Personen sein. Sie können auch mehrere Betreuer und Bevollmächtigte einsetzen, allerdings wäre dann eine ständige Koordination erforderlich, wer wofür zuständig ist. Was auf alle Fälle sinnvoll ist: Legen Sie einen Ersatz fest für den Fall, dass der gewünschte Betreuer oder Bevollmächtigte die Aufgabe doch nicht übernehmen kann oder will. Bestimmen Sie also neben einem Betreuer einen

2.4 Betreuungsverfügung und Vorsorgevollmacht

Ersatz-Betreuer und neben dem Bevollmächtigten einen Ersatz-Bevollmächtigten – sofern sich in Ihrem Umfeld genügend Menschen befinden, die sich hierzu bereit erklären.

Grundsätzlich ist eine umfassende Vollmacht die einfachste, unbürokratischste Variante. Sie setzt aber auch das größte Vertrauen voraus. Wenn Sie lediglich Teilvollmachten erteilen, muss in bestimmten Fragen – z. B. wenn es um Ihr Vermögen geht – das Gericht als Kontrollinstanz zwischengeschaltet werden.

Wie erfährt das Gericht von einem Bevollmächtigten oder Betreuer?

Sobald eine Betreuung erforderlich ist, muss das Betreuungsgericht über eine vorliegende Betreuungsverfügung oder Vorsorgevollmacht in Kenntnis gesetzt werden. Das Betreuungsgericht ist eine Abteilung des zuständigen Amtsgerichts. Wie Sie Ihre Vorsorgeunterlagen übersichtlich ordnen und aufbewahren, erfahren Sie in Abschnitt 2.6. Vollmachten sollten erst dann übergeben werden, wenn der Ernstfall eintritt, da diese ansonsten im schlimmsten Fall missbraucht werden könnten. Außer der Aufbewahrung zu Hause ist auch eine Registrierung im Zentralen Vorsorgeregister möglich, das Sie ebenfalls in Abschnitt 2.6 näher kennenlernen werden.

Muss eine Vorsorgevollmacht von einem Notar beurkundet werden?

Eine Vorsorgevollmacht muss grundsätzlich keine bestimmte Form haben, sie muss lediglich von Ihnen unterschrieben sein. Um für einige Fälle, etwa wenn es um den Verkauf von Immobilien geht, mehr Rechtssicherheit zu erlangen, können Sie eine Vorsorgevollmacht auch von einem Notar beurkunden lassen. Die Kosten hierfür hängen von der Höhe Ihres Vermögens ab. Eine abgemilderte günstigere Variante wäre, lediglich Ihre Unterschrift unter einer selbst aufgesetzten Vorsorgevollmacht notariell beglaubigen zu lassen. Eine öffentliche Beglaubigung Ihrer Unterschrift ist alternativ bei der örtlichen Betreuungsbehörde möglich.

Wie macht sich ein Betreuer oder Bevollmächtigter als solcher kenntlich?

Um sich bei Bedarf als Betreuer kenntlich machen zu können, wird ein vom Gericht bestellter Betreuer mit einem Betreuungsausweis ausgestattet, in dem er als Sie betreuende Person kenntlich gemacht wird. Der Bevollmächtigte hingegen weist jeweils die von Ihnen erteilten Vollmachten vor.

Wie kann ich eine Vorsorgevollmacht widerrufen?

Den Widerruf einer Vorsorgevollmacht richten Sie schriftlich direkt an die bevollmächtigte Person. Bitten Sie darum, Ihnen die entsprechenden Schriftstücke zurückzugeben. Diese würden Sie dann vernichten oder als nicht mehr gültig kennzeichnen.

Falls eine Vorsorgevollmacht von einem Notar beurkundet wurde, können Sie die Vollmacht bei diesem ebenfalls jederzeit und in freier Formulierung widerrufen.

Gilt die Vorsorgevollmacht auch im Ausland?

Müssen auch Rechtsgeschäfte im Ausland erledigt werden, kann die deutsche Vorsorgevollmacht hierfür ebenfalls eingesetzt werden. Bei den aktuell 127 Staaten, die am Haager Apostille-Übereinkommen teilnehmen, wird die Vorsorgevollmacht dazu notariell beglaubigt und kann im Anschluss mit einer Apostille, also einer international gültigen Beglaubigung, versehen werden. Wenden Sie sich bei Staaten, die am Haager Apostille-Übereinkommen nicht teilnehmen, an das Konsulat des jeweiligen Landes.

Was ist, wenn ich noch minderjährige Kinder habe?

Die Betreuung von Kindern wird mit einer eigenen Sorgerechtsvollmacht bzw. mit einer Sorgerechtsverfügung geregelt. Die Sorgerechtsvollmacht gilt zu Ihren Lebzeiten. Sie können damit einer anderen Person das Sorgerecht für Ihre Kinder übertragen, falls es Ihnen nicht mehr möglich sein sollte, dieses selbst auszuüben.

Eine Sorgerechtsverfügung hingegen wird auch »Elterntestament« genannt. In einer solchen Verfügung legen Sie fest, wer nach Ihrem Tod das Sorgerecht für Ihre Kinder übernehmen soll. Zu beachten ist allerdings, dass beim Thema Sorgerecht das Familiengericht das letzte Wort haben wird. Das Sorgerecht können nur Personen übernehmen, die nach Meinung des Familiengerichts dafür geeignet sind.

2.5 Bestattungsverfügung

Eine weitere wichtige Verfügung, die zum Thema Vorsorge gehört, ist die Bestattungsverfügung. Mit einer solchen Verfügung bestimmen Sie, wo und in welcher Form Sie bestattet werden möchten. Sie können dabei alles ganz detailliert festlegen – bis hin zur Musik, die bei der Trauerfeier abgespielt werden soll. Oder wünschen Sie gar keine Trauerfeier? Auch das können Sie festlegen.

Die Bestattungsverfügung bietet nicht nur den Vorteil, dass alles nach Ihren Wünschen abläuft. Sie entlasten auch Ihre Angehörigen, die ansonsten an Ihrer Stelle die Entscheidungen hinsichtlich Ihrer Bestattung treffen müssten, etwa ob es eine Feuerbestattung, eine Beerdigung oder eine ganz andere Bestattung werden soll.

Wie bereits an anderer Stelle erwähnt: Die Bestattungsverfügung sollte als eigenes Dokument erstellt werden und keinesfalls Bestandteil des Testaments sein. Das Testament wird erst nach Ihrer Bestattung eröffnet. Die Bestattungsverfügung wird jedoch direkt nach Ihrem Ableben benötigt. Auch die Bestattungsverfügung ist jedoch wie das Testament eine letztwillige Verfügung.

Wussten Sie übrigens, dass die Bestattung vermutlich die zweitteuerste Feier in Ihrem Lebenszyklus ist? Sie kommt kostenmäßig gleich nach der Hochzeitsfeier – falls es da nicht nur Kaffee und Kuchen gab. Auch der finanzielle Aspekt muss also beim Verfassen einer Bestattungsverfügung berücksichtigt werden. Ob Ihr Sarg von einer weißen Kutsche gezogen wird und ein 40-köpfiger Chor auftreten kann, richtet sich auch nach Ihren finanziellen Verhältnissen.

Grundsätzlich gilt bei einer letztwilligen Verfügung, dass diese entweder handschriftlich verfasst oder von einem Notar beglaubigt werden muss, um eine vollständige Rechtsverbindlichkeit zu erlangen. Bei einer Bestattungsverfügung erscheint dies jedoch nicht zwingend

Machen Sie in einer Bestattungsverfügung genaue Angaben zu Ihren Bestattungswünschen.

erforderlich, da Sie damit ja lediglich Ihre Bestattungswünsche Ihren Angehörigen mitteilen. Sie können die Bestattungsverfügung deshalb auch mit dem Formular erstellen, das Sie hinten in diesem Buch finden. Nur für den Fall, dass Sie auf vollständige Rechtsverbindlichkeit setzen möchten, erstellen Sie die Bestattungsverfügung komplett handschriftlich.

Vom Sterben bis zur Bestattung sind es einige Schritte – welche?

Was vom Sterben bis zur Bestattung erforderlich ist, haben Sie bereits in Kapitel 1 in einer Checkliste erfahren. Lassen Sie uns die Schritte noch etwas vertiefen. Zunächst einmal wird, spätestens nachdem Sie Ihren letzten Atem ausgehaucht haben, ein Arzt hinzugerufen, der Ihren Tod offiziell diagnostiziert und einen Totenschein ausstellt. Falls Ihre Angehörigen nicht bereits im Sterbeprozess informiert wurden, um von Ihnen Abschied zu nehmen, geschieht dies jetzt.

Ihre Angehörigen bzw. die von Ihnen bevollmächtigte Person sind nun dazu angehalten, Ihre Unterlagen herauszusuchen und zu sichten, darunter auch Ihre Bestattungsverfügung, in der Sie Angaben zu Ihren Bestattungswünschen machen. Insbesondere die Bestattungsverfügung sollte sofort verfügbar sein und entsprechend aufbewahrt werden. Denn es bleibt nicht viel Zeit!

Ihr Körper wird von einem beauftragten Bestattungsinstitut abgeholt und im Leichenhaus – bei Kühlschranktemperaturen – aufgebahrt. Die Bestattung wird organisiert, also beispielsweise ein Termin vereinbart, eine Todesanzeige aufgegeben und Grabschmuck bestellt. Auch diesbezüglich können Sie in Ihrer Bestattungsverfügung Ihre Wünsche äußern.

Darüber hinaus erwarten Ihre Angehörigen bzw. die von Ihnen bevollmächtigte Person verschiedene organisatorische Aufgaben. So muss der Sterbefall beim zuständigen Standesamt gemeldet werden und eine Sterbeurkunde eingeholt werden. Wenn Sie ein Testament geschrieben haben, muss dieses beim Nachlassgericht (einer Abteilung des zuständigen Amtsgerichts) eingereicht werden. Auch die Krankenkasse, die Rentenversicherung, die Lebensversicherung und weitere Versicherungen, ein eventueller Arbeitgeber, Vermieter, Verwandte und Freunde müssen über Ihren Tod in Kenntnis gesetzt werden.

Falls Sie sich in Ihrer Bestattungsverfügung für eine Einäscherung entscheiden, sind Trauerfeier und Bestattung zeitlich voneinander getrennt, während sie bei einer Beerdigung in der Regel zum gleichen Termin stattfinden. Eine Trauerfeier soll dazu dienen, dass man sich auf würdevolle Weise noch mal vergegenwärtigt, wie Sie Ihr Leben gelebt und was Sie erreicht haben. Ihre Angehörigen und Freunde können bei der Trauerfeier von Ihnen Abschied nehmen. Aber natürlich ist eine Trauerfeier nicht verpflichtend.

Nach der Trauerfeier wird die Trauergemeinde häufig noch zum gemeinsamen Kaffeetrinken – manchmal auch zu einem opulenten Totenmahl – eingeladen. Dafür muss von den Angehörigen bzw. von der bevollmächtigten Person rechtzeitig ein entsprechendes Lokal reserviert werden. Nach der Trauerfeier ist noch lange nicht Schluss – zumindest für Ihre Angehörigen. Denn neben der Trauerarbeit, die oft

2.5 Bestattungsverfügung

Monate dauern kann, sind weitere organisatorische Tätigkeiten erforderlich, etwa das Kündigen diverser Verträge, das Abmelden bei unterschiedlichen Behörden, das Räumen der Wohnung, das Organisieren der Grabpflege, vielleicht auch das Versenden von Danksagungskarten an die Trauergäste.

Wenn Sie sich den ganzen Aufwand vergegenwärtigen, wird klar, dass Sie Ihre Angehörigen nicht mit zusätzlichen Entscheidungen belasten, sondern vieles bereits mit einer Bestattungsverfügung regeln sollten.

Welche Bestattungsmöglichkeiten gibt es?

Im Wesentlichen besteht für die Bestattung die Wahl zwischen einer Erdbestattung, also einer Beerdigung, und einer Feuerbestattung, bei der Ihre Leiche in einem Krematorium eingeäschert wird. Zwar gibt es auch noch andere Bestattungsformen wie die Gruftbestattung oder die Konservierung Ihres Körpers nach einer Körperspende zu wissenschaftlichen Zwecken, aber diese Bestattungsformen seien an dieser Stelle außen vor gelassen.

Erfolgt die Beisetzung bei einer Erdbestattung in aller Regel in einem Grab auf dem Friedhof, bieten sich nach einer Einäscherung verschiedene Beisetzungsarten an. Die Beisetzung kann in einem Urnengrab ebenfalls auf dem Friedhof erfolgen. Im Vergleich zu einem Grab für eine Beerdigung spart ein Urnengrab aufgrund der geringeren Fläche Kosten. Zudem ist die Grabpflege einfacher oder – je nach Grab – sogar überhaupt nicht erforderlich. Das Thema Grabpflege kann unter anderem deshalb von Bedeutung sein, weil viele Menschen heute aus beruflichen Gründen an andere Orte umziehen müssen – wer kümmert sich dann um Ihr Grab?

Außer auf einem Friedhof kann Ihre Asche auch an anderen Orten beigesetzt werden. Besonders zu nennen sind in diesem Zusammenhang die Bestattungswälder. In einem solchen Wald wird Ihre Asche in freier Natur beigesetzt. Nur auf Wunsch wird der Beisetzungsort mit einer Namenstafel gekennzeichnet. Diese Beisetzungsvariante ist im Vergleich mit der Beisetzung auf dem Friedhof noch mal kostengünstiger und macht keine Grabpflege erforderlich.

Die Alternative zu einem Urnengrab auf dem Friedhof kann ein pflegefreies Grab im Bestattungswald sein.

Neben diesen gängigen Beisetzungsarten gibt es noch einige weitere wie etwa die Seebestattung oder die Weltraumbestattung. Allerdings besteht in Deutschland ein Friedhofszwang mit unterschiedlichen Vorschriften je nach Bundesland. Mehr Bestattungsmöglichkeiten bieten z. B. die Schweiz oder die Niederlande. Stellen Sie sich hinsichtlich Ihrer Bestattungswünsche aber immer auch die Frage, welchen Aufwand Sie Ihren Angehörigen diesbezüglich zumuten möchten. Noch eine kleine Statistik: In Deutschland entscheiden sich inzwischen drei Viertel der Menschen für eine Feuerbestattung und nur ein Viertel für die Erdbestattung. Vor gut 30 Jahren war dieses Verhältnis noch umgekehrt. Der Trend geht also klar in Richtung Feuerbestattung.

Wie viel kostet eine Bestattung heutzutage?

Leider steigen die durchschnittlichen Bestattungskosten kontinuierlich. Laut Statista ergeben sich derzeit durchschnittliche Bestattungskosten von 12.980 Euro. Davon entfallen 5.000 Euro auf den Steinmetz, 3.000 Euro auf das Bestattungsinstitut, 2.500 Euro auf den Friedhof, 1.830 Euro auf weitere Bestattungskosten, 350 Euro auf den Friedhofsgärtner und 300 Euro auf den Floristen. Sie sehen: Da sind noch nicht einmal der Leichenschmaus, die Traueranzeige und Co. eingerechnet. Den größten Einfluss auf die Kosten hat die Art der Bestattung. Eine Erdbestattung ist deutlich teurer als eine Feuerbestattung. Für die Feuerbestattung kann auch ein günstigerer Sarg ausgewählt werden. Und auch bei der Feuerbestattung gibt es Preisunterschiede: Ein Urnengrab mit Grabstein auf dem Friedhof ist teurer als ein anonymes Grab in einem Bestattungswald.

Kann man die Preise verschiedener Bestattungsinstitute vergleichen?

Auch die Preise von Bestattungsinstituten können sich von Anbieter zu Anbieter deutlich unterscheiden. Deshalb empfiehlt es sich, mehrere Angebote einzuholen und die Preise zu vergleichen. Natürlich spielt aber nicht nur der Preis eine Rolle, sondern auch, was dafür geboten wird. Achten Sie also bei allem Preisbewusstsein auch auf die Qualität. Übrigens lassen sich die Bestattungskosten auch im Internet vergleichen. Googeln Sie z. B. nach »bestattung preisvergleich«, um entsprechende Preisvergleichsanbieter ausfindig zu machen.

Ist es möglich, die Bestattung bereits zu Lebzeiten zu bezahlen?

Möchten Sie Ihre Bestattung bereits zu Lebzeiten finanziell im Voraus regeln, schließen Sie mit einem Bestattungsinstitut einen Bestattungsvorsorgevertrag ab. Sie könnten die Kos-

2.5 Bestattungsverfügung

ten für Ihre Bestattung dann gleich an das Bestattungsinstitut überweisen. Sicherer wäre es aber, für die Bestattungskosten bei Ihrer Bank oder Sparkasse ein Sperrkonto zu eröffnen, auf das Sie den für Ihre Bestattung erforderlichen Betrag einzahlen. Allerdings ist das nicht sinnvoll, wenn Sie noch jung und kerngesund sind. Sie könnten es hingegen dann in Erwägung ziehen, wenn Sie schon sehr alt oder schwer krank sind.

Lohnt sich eine Sterbegeldversicherung?

Da die Bestattung sehr teuer sein kann, könnte es sich auch anbieten, das Geld dafür auf einem extra Konto anzusparen, etwa auf einem Tagesgeldkonto. Natürlich gehört dazu einige Disziplin: Für eine Kreuzfahrt in der Karibik zu sparen, wäre auf alle Fälle verführerischer.

Eine Alternative dazu, das Geld selbst anzusparen, ist die Sterbegeldversicherung. Bei einer solchen Versicherung entscheiden Sie sich für einen bestimmten Betrag, der für Ihre Bestattung zur Verfügung stehen soll, und zahlen dann einen monatlichen Beitrag an die Versicherung. Allerdings gibt es zwei Haken: Zum einen sind die monatlichen Beträge desto höher, je älter Sie sind, zum anderen lässt sich eine Sterbegeldversicherung bei den meisten Anbietern nur bis zu einem gewissen Höchstalter abschließen.

Wenn Sie an einer Sterbegeldversicherung Interesse haben, lassen Sie sich am besten einmal von Ihrem Versicherungsagenten beraten oder greifen auf eines der Angebote der zahlreichen Direktversicherer im Internet zurück. Achten Sie aber darauf, einen zuverlässigen Versicherungsanbieter auszuwählen, der im Ernstfall auch wirklich bezahlt.

Wer bezahlt meine Bestattung, falls mein eigenes Vermögen nicht reicht?

Falls die Bestattungskosten nicht aus Ihrem Vermögen bezahlt werden können und auch keine Sterbegeldversicherung vorliegt, müssen Ihre gesetzlichen Erben bzw. Angehörigen die Bestattung bezahlen. Nur dann, wenn keine zahlungskräftigen Angehörigen oder Erben vorhanden sind, übernimmt der Staat die Bestattungskosten. Sie haben dann Anspruch auf eine Sozialbestattung. Der Antrag auf eine Sozialbestattung kann – auch rückwirkend – beim zuständigen Sozialamt gestellt werden. Nicht darin enthalten sind aber die dauerhafte Grabpflege, die Traueranzeige oder der Leichenschmaus.

2.6 Ihre Dokumente sicher und sichtbar aufbewahren

Es kann vielleicht etwas unangenehm sein, die Vorsorgedokumente zusammenzustellen, denn es macht einem die eigene Verletzlichkeit und Sterblichkeit bewusst. Aber es ist doch sehr sinnvoll, sich einmal gründlich mit dem Thema zu beschäftigen, und es kann im Ernstfall das große Chaos verhindern helfen. Wichtig ist aber nicht nur das Erstellen der Vorsorgedokumente, sondern auch eine geeignete Aufbewahrung, damit nicht erst lange gesucht werden muss, falls tatsächlich der Ernstfall eintreten sollte.

Apropos lange suchen: Wenn Sie sich Ihren Vorsorgedokumenten widmen, könnten Sie dies auch zum Anlass nehmen, andere Dokumente auszumisten, die nicht mehr benötigt werden. Denn den Aufwand, den Sie nicht selbst beim Ausmisten und Ordnen betreiben, müssen später Ihre Angehörigen bzw. Erben investieren.

Was gehört in einen Notfallordner?

Als Notfallordner verwenden Sie am besten einen ganz normalen Aktenordner. Zwar könnte in manchen Fällen auch ein schmaler Hefter ausreichen, aber der Aktenordner bietet mehr Sichtbarkeit. Wählen Sie für den Ordner eine Signalfarbe, etwa Rot. Beschriften Sie den Ordnerrücken entsprechend, Sie können ihn außerdem noch mit einem roten Kreuz kennzeichnen. Teilen Sie Ihren Lieben mit, was es mit diesem Ordner auf sich hat und wo er steht. Der Ordner sollte dann auch wirklich stets an diesem Platz zu finden sein.

Im Notfallordner heften Sie alle Vorsorgeunterlagen ab, auf die im Ernstfall sofort zugegriffen werden soll, also beispielsweise Ihre Patientenverfügung, Ihre Organspendeverfügung oder Ihre Bestattungsverfügung.

Dokumente, die besonders geschützt werden müssen, heften Sie aber nicht in diesem Ordner ab. Sie geben nur einen Hinweis, wo sich die entsprechenden Dokumente befinden.

Dies könnte etwa eine Liste mit Ihren Online-Zugangsdaten zum Regeln Ihres digitalen Nachlasses sein oder ein Testament, mit dem Sie ein größeres Vermögen verteilen. Solche Dokumente gehören in einen Tresor, in ein Bankschließfach oder an einen anderen sicheren Ort. Im Notfallordner heften Sie ein Blatt ab, auf dem etwas Ähnliches steht wie: »Mein Testament befindet sich in meinem Bankschließfach bei der Sparkasse Musterhausen.«

2.6 Ihre Dokumente sicher und sichtbar aufbewahren

Bringen Sie Ordnung in Ihre Vorsorgeunterlagen.

Überprüfen Sie die Inhalte Ihres Notfallordners regelmäßig auf Aktualität, z. B. halbjährlich oder jährlich. Gehen Sie mit den Dokumenten des Notfallordners sorgsam um. Es empfiehlt sich, Klarsichthüllen zu verwenden. Falls Sie handschriftliche Dokumente aufnehmen, achten Sie darauf, dass diese auch für andere Personen lesbar sind. Ein Register kann beim schnellen Nachschlagen helfen. Vorne im Notfallordner sollte ein Inhaltsverzeichnis auf die einzelnen Dokumente verweisen.

Kann ich meine Vorsorgedokumente auch digital aufbewahren?

Wenn Sie daran denken, Ihre Vorsorgedokumente auf einem USB-Speicherstick oder einem Notfall-Armband mit Speichermöglichkeit digital verfügbar zu machen, um Sie stets bei sich zu tragen, ist das sicher keine schlechte Idee. Allerdings denken Sie bitte daran, dass die Vorsorgedokumente eigenhändig unterschrieben sein müssen, um rechtlich wirksam zu sein. Sie sollten die Vorsorgedokumente also trotzdem in Papierform in einem Ordner zur Verfügung halten.

Auch im Internet lassen sich Vorsorgedokumente speichern. In diesem Zusammenhang sind zwei Einrichtungen der Bundesnotarkammer besonders interessant, nämlich das Zentrale Vorsorgeregister sowie das Zentrale Testamentsregister. Beides ist zwar nicht komplett kostenlos, schlägt aber mit nur relativ geringen Beträgen deutlich unter 30 Euro zu Buche.

Zunächst zum Zentralen Vorsorgeregister. Dieses rufen Sie auf Ihrem Computer unter der Webadresse www.vorsorgeregister.de auf. Sie entscheiden sich auf der geöffneten Website für die Rubrik *Privatpersonen* und registrieren sich mit den erforderlichen Angaben. Anschließend können Sie Ihre Vorsorgedokumente registrieren lassen. Auf die Informationen können seit Anfang 2023 auch behandelnde Ärzte zugreifen.

Die Kosten für eine Registrierung beliefen sich im Juli 2025 einmalig auf 20,50 Euro bei einer Onlineregistrierung mit Lastschrift (23 Euro bei postalischer Registrierung) und auf 23 Euro bei einer Onlineregistrierung mit Überweisung (26 Euro bei postalischer Registrierung). Pro zusätzlicher Vertrauensperson werden weitere 3,50 Euro bei einer Onlineregistrierung fällig (4 Euro bei postalischer Registrierung). Die

Kosten sind allerdings nicht in Stein gemeißelt und können jederzeit – meist nach oben – angepasst werden.

Nun kommen wir zum Zentralen Testamentsregister. Im Gegensatz zum Zentralen Vorsorgeregister können Sie hier nicht selbst aktiv werden, sondern nur Notare oder Gerichte können Testamente registrieren. Im Juli 2025 waren für eine Registrierung einmalig zwischen 12,50 Euro und 15,50 Euro fällig. Beachten Sie hierbei, dass bei zwei beteiligten Personen zwei Registrierungen erforderlich sind, auch wenn dasselbe Dokument registriert wird, etwa ein Erbvertrag zwischen Eheleuten.

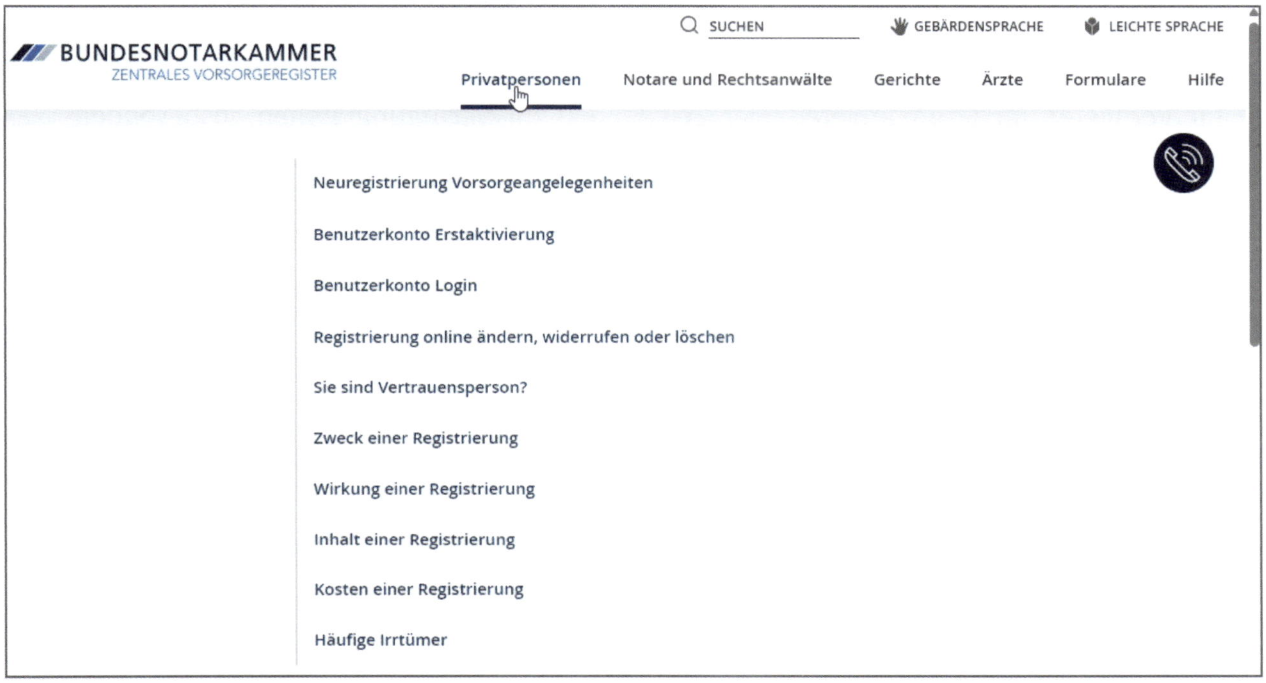

Ihre Vorsorgeunterlagen können Sie für einen geringen Betrag im Zentralen Vorsorgeregister registrieren.

Wer soll im Notfall informiert werden?

Im Notfall müssen zahlreiche Personen, Behörden oder Firmen informiert werden. Es empfiehlt sich, eine Liste mit allen Notfallkontakten anzulegen und diese Liste ebenfalls im Notfallordner abzuheften. Hier eine kleine Übersicht, um welche Kontakte es sich dabei handeln könnte:

- Ihren Lebenspartner bzw. Ihre Lebenspartnerin sowie engere Verwandte: Kinder, Geschwister, Eltern …
- Ihre guten Freunde, engere Bekannte, Vereinsvorsitzende, kurz: Privatpersonen oder Gruppen, die sich Sorgen machen würden, wenn sie länger nichts mehr von Ihnen hören.
- Personen, die Sie mit einer Vorsorgevollmacht ausgestattet haben oder die Sie als Betreuer vorgeschlagen haben.
- Versicherungen und Behörden, etwa die Lebensversicherung, die Pflegezusatzversicherung oder die Rentenkasse.

2.6 Ihre Dokumente sicher und sichtbar aufbewahren

- Behandelnde Ärztinnen und Ärzte, z. B. Ihr Hausarzt, aber auch von Ihnen konsultierte Fachärzte.
- Solche Stellen, an die Sie regelmäßige Zahlungen leisten, etwa Ihre Vermieterin bzw. Ihr Vermieter, Ihr Stromanbieter oder Zeitungs- bzw. Zeitschriftenverlage, bei denen Sie ein Abo abgeschlossen haben.
- Weitere Kontakte, die in keine der oben genannten Kategorien passen, etwa das zuständige Pfarramt oder ein eventueller Arbeitgeber.

Notieren Sie jeweils die Informationen, die Ihnen zur Verfügung stehen, insbesondere Namen, Adressen, E-Mail-Adressen und Telefonnummern.

Stets mit dabei: der Notfall-Erstkontakt

Angenommen, es geschieht etwas, während Sie gerade unterwegs sind. Niemand kann dann zunächst auf Ihren Notfallordner zugreifen. Tragen Sie deshalb auf einem kleinen Kärtchen die Daten eines Notfall-Erstkontaktes stets bei sich, am besten in Ihrer Brieftasche. Versehen Sie die Daten mit der Überschrift: »Bitte im Notfall kontaktieren!«. Ideal wäre es, wenn der Notfall-Erstkontakt über einen Zweitschlüssel zu Ihrem Zuhause verfügen würde und alles schnell regeln könnte, z. B. Kleidung oder Ihre Patientenverfügung abholen.

Außer in Papierform können Sie einen Notfall-Erstkontakt auch in elektronischer Form anbieten. Auf einem modernen Smartphone können Sie alle relevanten Daten speichern. Die Notfallinformationen können dann jeweils auf dem Sperrbildschirm des Smartphones eingeblendet werden.

Auch auf einem Smartphone kann auf Notfallkontakte zugegriffen werden.

Auf einem iPhone wählen Sie zum Einrichten in den *Einstellungen* den Eintrag *Notruf SOS*. Entscheiden Sie sich anschließend für *Notfallkontakte in Health einrichten*. Die App *Health* verwenden Sie auf dem iPhone generell, um Ihre Gesundheitsdaten zu verwalten. Auf einem Android-Smartphone würden Sie sich in den *Einstellungen* unter *Über das Telefon* für den Eintrag *Notfallinformationen* entscheiden.

Ein elektronischer Notfallpass bietet den Vorteil, dass Sie noch viele weitere Gesundheitsdaten hinterlegen können, etwa Ihre Blutgruppe oder Informationen über schwerwiegende Krankheiten oder Allergien. Andererseits lässt sich ein Kärtchen mit dem Notfall-Erstkontakt schneller auffinden und nutzen. Verwenden Sie zur Sicherheit beide Varianten gleichzeitig.

3

Die gesetzliche Erbfolge:

Wer erbt, wenn kein Testament vorliegt?

Im vorherigen Kapitel zum Thema Vorsorge haben Sie alles geklärt, was schwere Krankheit, Sterben und Ihre Bestattung betrifft. Nun geht es um das Thema Vererben oder – von der anderen Seite betrachtet – ums Erben. Als Erblasser möchten Sie nicht, dass nach Ihrem Ableben ein Streit ums Erbe ausbricht. Besonders dann, wenn ein größeres Vermögen vorhanden ist, etwa in Form einer Immobilie, sollte alles vorab nach Ihren Wünschen geregelt sein.

Dazu können Sie ein Testament errichten, wie es Ihnen ab Kapitel 4 erläutert wird. Damit legen Sie fest, wer nach Ihrem Tod Ihr Vermögen erben soll oder wem Sie bestimmte Dinge vermachen. Mit einem Testament drücken Sie Ihren letzten Willen aus oder – um es in der juristischen Fachsprache zu formulieren – Sie erstellen eine letztwillige Verfügung.

Ein Testament bietet also eine gute Möglichkeit, sich bei Menschen erkenntlich zu zeigen, die Ihnen im Leben wichtig waren oder Ihnen beigestanden haben, die aber in der gesetzlichen Erbfolge leer ausgehen oder zu kurz kommen würden. Beispielsweise könnten Sie dem Kind, das Sie jahrelang gepflegt hat, mehr vererben als einem anderen Kind, das Sie nur alle paar Monate besucht hat. Und bei einem Bevollmächtigten, der sich in Ihren letzten Lebensjahren um Ihre Angelegenheiten gekümmert hat, könnten Sie sich durch das Vermächtnis eines gewissen Geldbetrags bedanken.

Besonders wichtig kann ein Testament dann sein, wenn Sie mit Ihrem Ehepartner ein Eigenheim bewohnen. Zunächst ist ein Ehepartner nur Teilerbe Ihres Vermögens, d. h., er müsste unter Umständen nach Ihrem Tod die anderen Erben ausbezahlen. So ein Fall ließe sich durch ein sogenanntes Berliner Testament verhindern, in dem sich die Ehepartner gegenseitig als Alleinerben einsetzen.

Doch zunächst einmal soll es um die gesetzliche Erbfolge gehen, also darum, wer Ihre Erben sind, wenn Sie kein Testament schreiben. Die gesetzliche Erbfolge richtet sich nach dem Verwandtschaftsgrad und klärt exakt, wer welchen Anteil am Erbe hat. Machen Sie sich mit der gesetzlichen Erbfolge vertraut, um zu klären, ob Sie überhaupt ein Testament brauchen. Und falls Sie eine Erbschaft antreten, können Sie klären, wer außer Ihnen noch Teil der gesetzlichen Erbfolge ist.

3.1 So wird der gesetzliche Erbteil berechnet

Auch das Thema Erbschaft ist in Deutschland zu einem großen Teil im Bürgerlichen Gesetzbuch (BGB) geregelt, beginnend mit Paragraf 1922. Zunächst einmal ist wichtig zu wissen, dass man nur dann erben kann, wenn man zum Zeitpunkt des Erbfalls – also dem Todeszeitpunkt des Erblassers – selbst noch am Leben ist. Nach deutschem Recht wird der Tod mit dem Hirntod gleichgesetzt. Auch wenn ein Kind zwar vor dem Erbfall noch nicht geboren wurde, aber bereits gezeugt worden ist, kann es ein Erbe antreten (vgl. § 1923 Abs. 2 BGB).

Hoffentlich haben Sie Bruchrechnen im Mathe-Unterricht geliebt? Denn tatsächlich muss bei der Berechnung der gesetzlichen Erbfolge mit Brüchen gerechnet werden, sofern es mehrere gesetzliche Erben gibt.

Gesetzliche Erben werden in mehrere Ordnungen eingeteilt, abhängig vom jeweiligen Verwandtschaftsgrad. Der Ehepartner gilt nicht als verwandt und wird nicht in die verwandtschaftlichen Ordnungen einbezogen, hat aber ebenfalls ein gesetzliches Erbrecht.

Bei den gesetzlichen Erben der jeweiligen Ordnungen ist es so, dass eine Erbschaft ausgeschlossen ist, wenn es einen Verwandten in einer höheren Ordnung gibt. Gibt es z. B. einen Verwandten der 1. Ordnung, gehen Verwandte der 2., 3., 4. und 5. Ordnung leer aus. Und wenn es einen Verwandten 3. Ordnung gibt, aber keine Verwandten der 1. und 2. Ordnung, ist er der gesetzliche Erbe, Verwandte der 4. und 5. Ordnung haben jedoch weiter das Nachsehen.

Wer sind die gesetzlichen Erben der ersten Ordnung?

Als Verwandte erster Ordnung gelten die Abkömmlinge des Erblassers. Sie stehen in der gesetzlichen Erbfolge an erster Stelle. Abkömmlinge sind zunächst die eigenen Kinder, aber auch deren Kinder (die Enkel), die Kinder der Enkel (Urenkel) usw. Zu den Abkömmlingen zählen auch nicht eheliche sowie adoptierte Kinder, jedoch keine Stiefkinder oder Ziehkinder. Stiefkinder sind mit einem Stiefelternteil rechtlich gesehen nur verschwägerte Personen, keine Verwandten.

Bei den Abkömmlingen gilt das Stammesprinzip. Das bedeutet, dass jeder Abkömmling einen Stamm bildet, der zu gleichen Teilen erbt.

Würde ein Kind sterben, dann würden dessen Kinder (die Enkel) den entsprechenden Stammanteil erben. In § 1924 BGB steht zu den gesetzlichen Erben der ersten Ordnung:

(1) Gesetzliche Erben der ersten Ordnung sind die Abkömmlinge des Erblassers.

(2) Ein zur Zeit des Erbfalls lebender Abkömmling schließt die durch ihn mit dem Erblasser verwandten Abkömmlinge von der Erbfolge aus.

(3) An die Stelle eines zur Zeit des Erbfalls nicht mehr lebenden Abkömmlings treten die durch ihn mit dem Erblasser verwandten Abkömmlinge (Erbfolge nach Stämmen).

(4) Kinder erben zu gleichen Teilen.

Aus den Absätzen 2 und 3 geht hervor, dass immer zuerst die Kinder erben. Nur wenn ein Kind selbst nicht mehr lebt, aber eigene Kinder hat, treten diese Kinder den Stammesanteil an.

Dazu ein konkretes Beispiel: Frau Schneider hat drei Kinder großgezogen, nämlich Paul, Anna und Max. Max ist letztes Jahr tödlich verunglückt. Von den drei Kindern hat Frau Schneider jeweils zwei Enkel. Ihr Mann ist schon lange verstorben.

In diesem Beispiel gibt es drei Stämme, nämlich den Stamm Paul, den Stamm Anna und den Stamm Max. Jeder der drei Stämme erbt ein Drittel. Ein Drittel geht an den noch lebenden Paul, ein Drittel an die noch lebende Anna und ein weiteres Drittel teilen sich die beiden Kinder des verunglückten Max, also zwei Enkel von Frau Schneider. Diesen beiden Enkeln steht jeweils ein Sechstel des Erbes zu, während die anderen Enkel – die Kinder von Paul und Anna – bei der gesetzlichen Erbfolge nicht berücksichtigt werden.

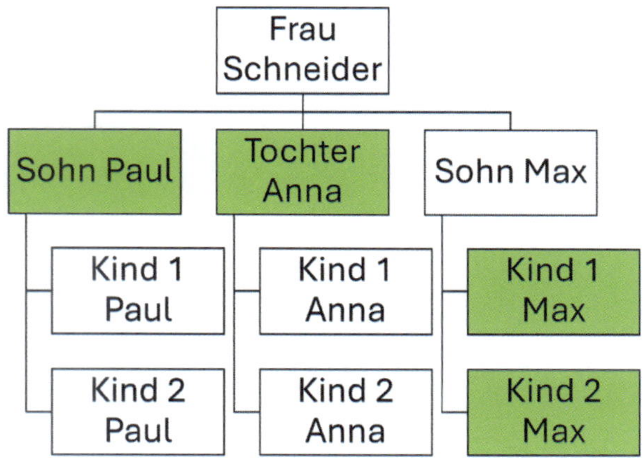

Da Sohn Max gestorben ist, werden dessen beide Kinder zu gesetzlichen Erben.

Falls es sogar Urenkel gibt, wird die Berechnung noch komplizierter, denn dann muss jeweils geschaut werden, welche Kinder, Enkel und Urenkel noch am Leben sind. Dann wird ebenfalls nach Stämmen aufgeteilt.

3.1 So wird der gesetzliche Erbteil berechnet

Wer sind die gesetzlichen Erben der zweiten Ordnung?

Nun zu den Verwandten zweiter Ordnung. Diese werden dann Ihre gesetzlichen Erben, wenn Sie kinderlos, also ohne eigene Abkömmlinge, geblieben sind. **Gesetzliche Erben sind in diesem Fall zunächst Ihre Eltern**. Diese erben zu gleichen Teilen. Ist ein Elternteil bereits verstorben, kommt dem überlebenden Elternteil die eine Hälfte des gesetzlichen Erbes zu, und den Abkömmlingen des verstorbenen Elternteils die andere Hälfte.

Sind beide Elternteile verstorben, werden deren Abkömmlinge zu gesetzlichen Erben. Häufig sind dies gemeinsame Abkömmlinge, aber das ist nicht zwingend der Fall, sodass es hier auch wieder mehrere Stämme geben kann. Das steht in § 1925 BGB:

§

(1) Gesetzliche Erben der zweiten Ordnung sind die Eltern des Erblassers und deren Abkömmlinge.

(2) Leben zur Zeit des Erbfalls die Eltern, so erben sie allein und zu gleichen Teilen.

(3) Lebt zur Zeit des Erbfalls der Vater oder die Mutter nicht mehr, so treten an die Stelle des Verstorbenen dessen Abkömmlinge nach den für die Beerbung in der ersten Ordnung geltenden Vorschriften. Sind Abkömmlinge nicht vorhanden, so erbt der überlebende Teil allein.

(4) In den Fällen des § 1756 sind das angenommene Kind und die Abkömmlinge der leiblichen Eltern oder des anderen Elternteils des Kindes im Verhältnis zueinander nicht Erben der zweiten Ordnung.

Die gesetzlichen Erben der zweiten Ordnung sind also Vater und Mutter. Deren Abkömmlinge sind Ihre Geschwister oder auch Halbgeschwister. Wären auch die Geschwister nicht mehr am Leben, ginge das Erbe an deren Abkömmlinge, also Ihre Nichten und Neffen. Anschließend kommen in der gesetzlichen Erbfolge Großneffen und Großnichten an die Reihe usw.

Eine Besonderheit gilt bei Halbgeschwistern, also Geschwistern, die entweder dieselbe Mutter oder denselben Vater haben wie Sie. Es hängt davon ab, welches der beiden Elternteile verstorben ist, ob ein Halbbruder oder eine Halbschwester beim gesetzlichen Erbe berücksichtigt wird. Nur wenn das leibliche Elternteil verstorben ist, haben Halbgeschwister einen Erbanspruch als dessen Abkömmlinge.

Bei Stiefgeschwistern gilt, dass diese keinen Anspruch auf ein gesetzliches Erbe haben. Von beiden Elternteilen adoptierte Geschwister sind hingegen leiblichen Geschwistern gleichgestellt.

Zugegeben, das klingt etwas kompliziert. Schauen wir uns deshalb erneut ein konkretes Beispiel an. Herr Müller ist Witwer. Sein kinderloser Sohn Marco ist verstorben. Zwei andere Kinder, Karl und Jana, sind noch am Leben. Jana hat Herr Müller mit in die Ehe gebracht. Marco und Karl sind hingegen gemeinsame Kinder. Jana ist also die Halbschwester von Marco und Karl. Die verstorbene Frau von Herrn Müller hatte keine anderen Kinder.

In diesem Beispiel gibt es zwei gesetzliche Erben, die jeweils die Hälfte erhalten. Dies sind Marcos Vater und Marcos Bruder Karl. Jana geht in diesem Fall leer aus, da sie mit Marcos verstorbener Mutter nicht leiblich verwandt war.

Wer sind die gesetzlichen Erben der dritten Ordnung?

Verwandte der dritten Ordnung werden dann zu gesetzlichen Erben, wenn es weder gesetzliche Erben der ersten noch der zweiten Ordnung gibt. Es sind also keine Kinder vorhanden. Auch die Eltern sind verstorben, und keine weiteren ihrer Abkömmlinge (Ihre Geschwister, Neffen, Nichten usw.) sind am Leben.

In diesem Fall wird von den Großeltern, den Elternteilen Ihrer Eltern, aus gezählt. Sind alle oder einige Großeltern nicht mehr am Leben, werden deren Abkömmlinge gesetzliche Erben. Das wären dann zunächst die Geschwister Ihrer Eltern (Ihre Onkel und Tanten), anschließend folgen deren Abkömmlinge (Ihre Cousins und Cousinen), dann Großcousins und Großcousinen usw. Dazu sei auf der nächsten Seite § 1926 BGB zitiert:

3.1 So wird der gesetzliche Erbteil berechnet

(1) Gesetzliche Erben der dritten Ordnung sind die Großeltern des Erblassers und deren Abkömmlinge.

(2) Leben zur Zeit des Erbfalls die Großeltern, so erben sie allein und zu gleichen Teilen.

(3) Lebt zur Zeit des Erbfalls von einem Großelternpaar der Großvater oder die Großmutter nicht mehr, so treten an die Stelle des Verstorbenen dessen Abkömmlinge. Sind Abkömmlinge nicht vorhanden, so fällt der Anteil des Verstorbenen dem anderen Teil des Großelternpaars und, wenn dieser nicht mehr lebt, dessen Abkömmlingen zu.

(4) Lebt zur Zeit des Erbfalls ein Großelternpaar nicht mehr und sind Abkömmlinge der Verstorbenen nicht vorhanden, so erben die anderen Großeltern oder ihre Abkömmlinge allein.

(5) Soweit Abkömmlinge an die Stelle ihrer Eltern oder ihrer Voreltern treten, finden die für die Beerbung in der ersten Ordnung geltenden Vorschriften Anwendung.

In diesem Fall wird nach Großelternpaaren gerechnet, d. h., jedem Großelternpaar und deren Abkömmlingen steht jeweils die Hälfte des gesetzlichen Erbes zu. Ist bei einem Großelternpaar bereits ein Großelternteil verstorben und dieser hat keine weiteren Abkömmlinge, wird das gesetzliche Erbe also nicht unter den verbliebenen Großeltern zu je einem Drittel aufgeteilt, sondern der überlebende Großelternteil des ersten Paares erhält die eine Hälfte des gesetzlichen Erbes und das zweite Großelternpaar und deren Abkömmlinge erhalten die andere Hälfte. Nur dann, wenn ein Großelternpaar verstorben ist und keine Abkömmlinge dieses Paares leben, geht das gesetzliche Erbe an das andere Großelternpaar bzw. deren Abkömmlinge über.

Nehmen wir als Beispiel Rainer. Er ist kinderlos geblieben und seine bereits vor ihm verstorbenen Eltern haben keine weiteren Abkömmlinge. Nun wird nach den Eltern der Eltern geschaut, also nach den Großeltern Rainers und nach deren Abkömmlingen. Die beiden Großelternpaare leben selbst nicht mehr, jedoch können ein lebender Onkel väterlicherseits (ein Bruder des Vaters) und zwei lebende Tanten mütterlicherseits (zwei Schwestern der Mutter) ermittelt werden. Die Großeltern hatten jeweils nur gemeinsame Kinder.

Dem Onkel väterlicherseits steht in diesem Fall als Abkömmling des einen Großelternpaares die Hälfte des gesetzlichen Erbes zu, während die beiden Tanten mütterlicherseits als Abkömmlinge des zweiten Großelternpaares sich mit jeweils 25 % des gesetzlichen Erbes zufriedengeben müssen.

Wer sind die gesetzlichen Erben der vierten Ordnung?

Spätestens dann, wenn Verwandte der vierten Ordnung ermittelt werden müssen, kann dies einen erheblichen Rechercheaufwand bedeuten. Denn die gesetzlichen Erben der vierten Ordnung sind die Urgroßeltern des Erblassers und deren Abkömmlinge. Oder könnten Sie auf Anhieb sagen, wie Ihre acht Urgroßeltern hießen? Und deren Geschwister? Einige Urgroßelternteile kennen Sie vielleicht vom Hörensagen oder haben sie als kleines Kind zu Gesicht bekommen. Aber deren Abkömmlinge haben Sie vielleicht nie kennengelernt.

Bei den Urgroßeltern werden nicht mehr wie bei den Großeltern Paare gebildet, sondern jedes Urgroßelternteil erbt einen gleichen Anteil. Und auch bei den Abkömmlingen der Urgroßeltern, sofern – was ja durchaus wahrscheinlich ist – kein Urgroßelternteil mehr lebt, erfolgt das Ermitteln der gesetzlichen Erbfolge anders als bei den ersten drei Ordnungen.

In diesem Fall wird nämlich ermittelt, wer mit dem Erblasser am nächsten verwandt ist, und dieser nächste Verwandte streicht dann das ganze gesetzliche Erbe ein. Haben mehrere Personen den höchsten Verwandtschaftsgrad, wird das gesetzliche Erbe zu gleichen Teilen aufgeteilt. In § 1928 BGB findet sich das folgendermaßen formuliert:

§

(1) Gesetzliche Erben der vierten Ordnung sind die Urgroßeltern des Erblassers und deren Abkömmlinge.

(2) Leben zur Zeit des Erbfalls Urgroßeltern, so erben sie allein; mehrere erben zu gleichen Teilen, ohne Unterschied, ob sie derselben Linie oder verschiedenen Linien angehören.

(3) Leben zur Zeit des Erbfalls Urgroßeltern nicht mehr, so erbt von ihren Abkömmlingen derjenige, welcher mit dem Erblasser dem Grade nach am nächsten verwandt ist; mehrere gleich nahe Verwandte erben zu gleichen Teilen.

3.1 So wird der gesetzliche Erbteil berechnet

Es wird bei Verwandten der vierten Ordnung also nicht mehr nach Stämmen unterschieden, sondern über die Stämme hinweg nach dem höchsten Verwandtschaftsgrad gesucht. Wir sprechen hier z. B. von Cousins und Cousinen zweiten oder dritten Grades oder einer noch lebenden Großtante.

Auch dazu ein Beispiel: Die Erblasserin Frau Keller hatte keine Kinder, auch ihre verstorbenen Eltern haben keine weiteren Abkömmlinge. Das Gleiche gilt für ihre verstorbenen Großeltern. Die Urgroßeltern und auch die Großtanten und Großonkel sind alle tot. Es können jedoch Enkelkinder der Großtanten und Großonkel sowie Urenkelkinder von Geschwistern der Urgroßeltern gefunden werden.

Als gesetzliche Erben kommen bei diesem Beispiel nur die Enkelkinder der Großtanten und Großonkel infrage, da es sich um Cousins oder Cousinen zweiten Grades handelt, während die Urenkelkinder von Geschwistern der Urgroßeltern Cousins oder Cousinen dritten Grades sind.

Wer sind die gesetzlichen Erben der fünften Ordnung?

Verwandte der fünften und ferneren Ordnungen sind schließlich noch entferntere Vorfahren des Erblassers sowie deren Abkömmlinge. Es sind in der Regel Verwandte, von denen Sie noch nie im Leben etwas gehört haben. Auch hier gilt wieder – mit Bezug auf gesetzliche Erben der vierten Ordnung –, dass der höchste Verwandtschaftsgrad über das gesetzliche Erbe entscheidet. So steht es in § 1929 BGB:

§

(1) Gesetzliche Erben der fünften Ordnung und der ferneren Ordnungen sind die entfernteren Voreltern des Erblassers und deren Abkömmlinge.

(2) Die Vorschrift des § 1928 Abs. 2, 3 findet entsprechende Anwendung.

Spätestens ab der fünften Ordnung könnten Sie sich überlegen, ob es nicht sinnvoller wäre, einer Organisation, die Sie unterstützen möchten, Ihr Erbe zukommen zu lassen. Aber dazu ist dann eben das Erstellen eines Testaments erforderlich.

Sie stellen auf alle Fälle fest, dass die gesetzliche Erbfolge logisch aufgebaut ist und sich vor allen Dingen nach dem Grad der Verwandtschaft richtet. Das Vorhandensein gesetzlicher Erben einer höheren Ordnung schließt dabei Verwandte niederer Ordnungen aus.

Was bei der gesetzlichen Erbfolge allerdings überhaupt nicht berücksichtigt wird, ist, wie bestimmte Verwandte sich Ihnen gegenüber zu Lebzeiten verhalten haben. Eventuell stand Ihnen ja eine Nichte näher als Ihre Tochter? Oder ein Neffe hat Sie jahrelang gepflegt, während Ihr Sohn Sie nur hin und wieder angerufen hat? Möchten Sie von der gesetzlichen Erbfolge abweichen, ist das Erstellen eines Testaments unbedingt erforderlich.

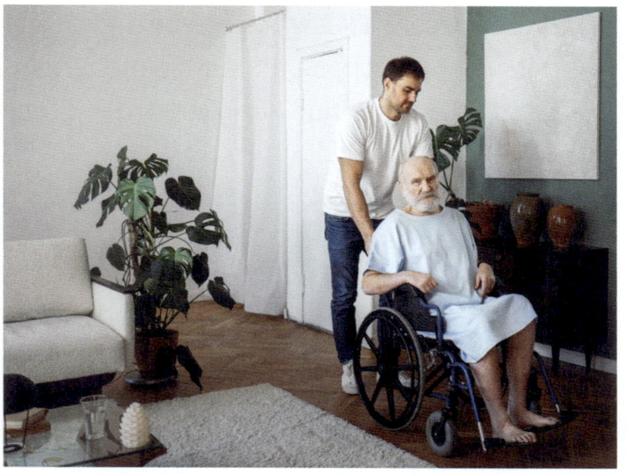

Eine Erbschaft ist eine gute Möglichkeit, sich für eine jahrelange liebevolle Pflege zu bedanken.

Moment mal! Und was gilt für Ehegatten?

Wenn Sie bis hierhin aufmerksam gelesen haben, wird Ihnen nicht entgangen sein, dass Ehegatten bei den gesetzlichen Erben der verschiedenen Ordnungen überhaupt nicht vorkommen. **Der Grund dafür ist schlicht, dass Ehegatten nicht als Verwandte gelten.** Aber selbstverständlich werden Ehegatten beim gesetzlichen Erbe dennoch berücksichtigt. Die Voraussetzung dafür ist allerdings, dass die Ehe beim Erbfall, also beim Tod des Erblassers, noch bestanden hat.

Auch im Fall einer Trennung ist man noch Erbe des Ehegatten, das Erbrecht endet erst ab der Zustellung des Scheidungsantrags.

Welchen Anteil der überlebende Ehegatte erhält, hängt vom jeweiligen Güterstand der Ehe ab. Der eheliche Hausrat sowie Hochzeitsgeschenke stehen dem Ehegatten in jedem Fall als Erbe zu.

Wird kein notarieller Ehevertrag geschlossen, gilt für eine Ehe außerdem der Güterstand der Zugewinngemeinschaft. In diesem Fall erhält der überlebende Ehegatte auch dann die Hälfte des Erbes, wenn Erben der ersten Ordnung vorhanden sind. Gibt es keine Erben der ersten, sondern nur der zweiten Ordnung, beträgt der Erbteil sogar drei Viertel.

3.1 So wird der gesetzliche Erbteil berechnet

Achtung, wenn Sie den entsprechenden BGB-Paragrafen lesen! Dieser ist diesbezüglich etwas missverständlich, da er dem überlebenden Ehegatten zunächst nur ein Viertel des Erbes zuspricht. Dies gilt jedoch nur für den Fall einer Gütergemeinschaft, die in einem notariellen Ehevertrag festgehalten werden müsste. In § 1931 BGB steht:

§

(1) Der überlebende Ehegatte des Erblassers ist neben Verwandten der ersten Ordnung zu einem Viertel, neben Verwandten der zweiten Ordnung oder neben Großeltern zur Hälfte der Erbschaft als gesetzlicher Erbe berufen. Treffen mit Großeltern Abkömmlinge von Großeltern zusammen, so erhält der Ehegatte auch von der anderen Hälfte den Anteil, der nach § 1926 den Abkömmlingen zufallen würde.

(2) Sind weder Verwandte der ersten oder der zweiten Ordnung noch Großeltern vorhanden, so erhält der überlebende Ehegatte die ganze Erbschaft.

(3) Die Vorschrift des § 1371 bleibt unberührt.

(4) Bestand beim Erbfall Gütertrennung und sind als gesetzliche Erben neben dem überlebenden Ehegatten ein oder zwei Kinder des Erblassers berufen, so erben der überlebende Ehegatte und jedes Kind zu gleichen Teilen; § 1924 Abs. 3 gilt auch in diesem Falle.

Entscheidend ist hier der dritte Absatz, der sich auf § 1371 BGB bezieht. Dort wird nämlich im ersten Absatz erklärt, dass sich im Fall einer Zugewinngemeinschaft das Erbe um ein weiteres Viertel erhöht:

(1) Wird der Güterstand durch den Tod eines Ehegatten beendet, so wird der Ausgleich des Zugewinns dadurch verwirklicht, dass sich der gesetzliche Erbteil des überlebenden Ehegatten um ein Viertel der Erbschaft erhöht; hierbei ist unerheblich, ob die Ehegatten im einzelnen Falle einen Zugewinn erzielt haben.

Ohne Ehevertrag, in dem ein anderer Güterstand vereinbart wird, steht dem überlebenden Ehegatten also die Hälfte des Erbes zu. Im Fall einer in einem Ehevertrag vereinbarten Gütergemeinschaft ist es hingegen lediglich ein Viertel. Und wenn in einem notariellen Ehevertrag eine Gütertrennung vereinbart wurde, muss noch mal anders gerechnet werden.

Bei einer Gütertrennung wird das Erbe zwischen dem überlebenden Ehegatten und den Kindern (oder deren Abkömmlingen) zu gleichen Teilen aufgeteilt. Gibt es also z. B. vier Kinder, erhalten Ehegatte und jedes der Kinder oder deren Abkömmlinge jeweils ein Fünftel des Erbes. Wären es neben dem Ehegatten nur drei Kinder, würde jeder ein Viertel erben. Gibt es lediglich ein Kind, würden überlebender Ehegatte und Kind (oder dessen Abkömmlinge) jeweils zur Hälfte erben.

Ein überlebender Ehegatte wird grundsätzlich nur dann zum gesetzlichen Alleinerben, wenn keine Verwandten der ersten oder zweiten Ordnung vorhanden sind. Wenn z. B. die Mutter des verstorbenen Ehegatten noch lebt, ist diese eine gesetzliche Erbin der zweiten Ordnung. Das Gleiche gilt für Geschwister oder Halbgeschwister des verstorbenen Ehegatten sowie deren Abkömmlinge.

Besonders dann, wenn ein Ehepaar ein Eigenheim bewohnt, aber sonst nicht viele Vermögenswerte vorhanden sind, kann das Erbrecht zu erheblichen Problemen führen, die in diesem Buch noch beleuchtet und auch gelöst werden sollen. In einem solchen Fall ist es dringend geboten, mit einem Testament oder Erbvertrag alles genau zu regeln.

3.1 So wird der gesetzliche Erbteil berechnet

Wie sieht es bei eingetragenen Lebenspartnerschaften aus?

Seit dem 1. Oktober 2017 können in Deutschland gleichgeschlechtliche Paare heiraten. Bis dahin gab es schon die Möglichkeit, eine eingetragene Lebenspartnerschaft zu schließen. Es lassen sich zwar keine neuen eingetragenen Lebenspartnerschaften mehr schließen, aber bestehende eingetragene Lebenspartnerschaften sind nach wie vor gültig. Die Erbregeln für Eheleute gelten auch für eingetragene Lebenspartnerschaften. Bestehen weder Ehe noch eingetragene Lebenspartnerschaft, ist für den überlebenden Partner kein gesetzliches Erbe vorgesehen.

Wenn Sie manchmal lesen, dass sich langjährige Paare am Sterbebett das Ja-Wort gegeben haben, kann dies also auch eine praktische Bedeutung haben. Denn auch bei einer solchen Heirat kurz vor dem Tod des einen Ehegatten entsteht ein gesetzliches Erbrecht. Und nicht nur das: Ein Ehegatte hat außerdem einen viel höheren Freibetrag bei der Erbschaftssteuer. Im Juli 2025 belief sich der Freibetrag für eine nicht verwandte Person auf 20.000 Euro, für einen Ehegatten hingegen auf 500.000 Euro. Gerichtlich geklärt wurde allerdings, dass eine solche Heirat auf den letzten Drücker nicht zu einer Witwenrente führen kann.

»Zur Liebe ist es nie zu spät«, heißt es in einem Schlager von Heinz Erhardt; man kann hinzufügen: zum Heiraten auch nicht.

Und dann wäre da noch der Fall, dass es gar keine gesetzlichen Erben gibt

Für den recht unwahrscheinlichen Fall, dass nicht einmal gesetzliche Erben der fünften und ferneren Ordnungen ausfindig gemacht werden können und auch kein Ehepartner vorhanden ist, gibt es ebenfalls eine Regelung. Und das gilt natürlich auch, wenn sämtliche gesetzlichen Erben das Erbe ausschlagen. Liegt kein Testament vor, tritt in diesem Fall der Staat als Erbe ein.

3.2 Testamentsvollstreckung und Erbschaft:

Das gilt es zu beachten

Ein Testament muss, wenn es nach dem Tod eines Menschen aufgefunden wird, sofort beim Nachlassgericht, einer Abteilung des zuständigen Amtsgerichts, abgeliefert werden. Mit dem zuständigen Amtsgericht ist das dem letzten Wohnort des Verstorbenen zugeordnete Amtsgericht gemeint. Es müssen sämtliche aufgefundenen Testamente abgeliefert werden, also nicht nur das neuste. Wird ein Testament amtlich aufbewahrt, wird es ebenfalls beim Nachlassgericht eingereicht. Das Nachlassgericht ist für die Testamentseröffnung zuständig.

Vielleicht haben Sie früher einmal gehört, dass ein Testament bei einem Notar eröffnet wurde. Dies war im Bundesland Baden-Württemberg bis Ende 2017 der Fall. Seit dem 1. Januar 2018 übernehmen aber in ganz Deutschland die Nachlassgerichte die Testamentseröffnung. Auch in der Schweiz ist übrigens das Nachlassgericht zuständig, in Österreich hingegen das Verlassenschaftsgericht.

Auch unabhängig vom Vorliegen eines Testaments wird das Nachlassgericht über einen Todesfall informiert, und zwar vom Standesamt, in dem der Todesfall beurkundet wurde. Das Nachlassgericht erhält vom Standesamt gleichzeitig die Kontaktdaten eines oder mehrerer Angehöriger, um mit diesen in Kontakt treten zu können. Das Nachlassgericht versendet ein Formblatt, um die Verwandtschaftsverhältnisse in Erfahrung zu bringen.

Wie werde ich über ein gesetzliches Erbe benachrichtigt?

Sofern dem Nachlassgericht nicht ein Testament oder ein Erbvertrag vorliegt, werden Sie in der Regel nicht darüber informiert, dass Sie zu den gesetzlichen Erben gehören. Anhand der in Abschnitt 3.1 vorgestellten Paragrafen können Sie jedoch selbst feststellen, ob Sie zu den gesetzlichen Erben gehören, und Ihren Erbteil berechnen.

Was passiert, wenn das Nachlassgericht Erben nicht ermitteln kann?

Liegt kein Testament oder Erbvertrag vor und ist unklar, wer die gesetzlichen Erben sind, wird ein Nachlasspfleger bestellt. Dieser kümmert sich um den Nachlass, bis die Erben ermittelt wurden bzw. bis die Erbschaft angenommen worden ist. Übrigens kann auch ein Nachlassgläubiger beim Nachlassgericht die Bestellung eines Nachlasspflegers verlangen. Ein Nachlasspfleger übernimmt auch Aufgaben, die sonst Angehörige übernehmen würden, etwa das Bezahlen der Bestattung oder das Beenden eines Mietverhältnisses.

3.2 Testamentsvollstreckung und Erbschaft:

Das gilt es zu beachten

Wie läuft eine Testamentseröffnung ab?

Erfährt das Nachlassgericht von einem Todesfall, wird geklärt, ob ein Testament vorliegt, entweder ein amtlich verwahrtes Testament, das der Erblasser bei einem Notar errichtet hat, oder ein handschriftlich verfasstes Testament, das aufgefunden und von den Angehörigen beim Nachlassgericht eingereicht wurde. Wobei auch die Möglichkeit besteht, dass mehrere Testamente eingereicht werden, die dann gesammelt werden.

Die Bestimmungen zur Testamentseröffnung lesen Sie in § 348 FamFG, dem »Gesetz über das Verfahren in Familiensachen und in den Angelegenheiten der freiwilligen Gerichtsbarkeit«:

(1) Sobald das Gericht vom Tod des Erblassers Kenntnis erlangt hat, hat es eine in seiner Verwahrung befindliche Verfügung von Todes wegen zu eröffnen. Über die Eröffnung ist eine Niederschrift aufzunehmen. War die Verfügung von Todes wegen verschlossen, ist in der Niederschrift festzustellen, ob der Verschluss unversehrt war.

(2) Das Gericht kann zur Eröffnung der Verfügung von Todes wegen einen Termin bestimmen und die gesetzlichen Erben sowie die sonstigen Beteiligten zum Termin laden. Den Erschienenen ist der Inhalt der Verfügung von Todes wegen mündlich bekannt zu geben. Sie kann den Erschienenen auch vorgelegt werden; auf Verlangen ist sie ihnen vorzulegen.

(3) Das Gericht hat den Beteiligten den sie betreffenden Inhalt der Verfügung von Todes wegen schriftlich bekannt zu geben. Dies gilt nicht für Beteiligte, die in einem Termin nach Absatz 2 anwesend waren.

In dem Paragrafen ist zu lesen, dass das Nachlassgericht ein Testament eröffnen soll, sobald es davon Kenntnis erlangt hat. Allerdings wird dieses »sobald« im zweiten Absatz eingeschränkt: Es kann ein Termin für die Testamentseröffnung bestimmt werden, und zu diesem Termin können die Beteiligten geladen werden. Diese Vorgehensweise ist aber eher der Ausnahmefall.

Häufiger als das Laden der Beteiligten zu einem Termin am Amtsgericht erfolgt die Testamentseröffnung nur intern, und die Beteiligten werden anschließend schriftlich informiert. Bis zur Testamentseröffnung dauert es in der Regel rund einen Monat, manchmal aber auch mehrere Monate.

Nach der Testamentseröffnung wird das Original-Testament in den Nachlassakten aufbewahrt. Es kann dort von Erben eingesehen werden. Diese erhalten nach einer internen Testamentseröffnung jedoch auch eine Kopie des Testaments sowie ein Protokoll der Testamentseröffnung, gemäß dem dritten Absatz im obigen Paragrafen.

Was ist ein Nachlassverzeichnis?

Wenn es ans Erben geht, stellt sich eine weitere wichtige Frage: Was ist der Nachlass eigentlich wert? Diese Frage kann den Erben unter Umständen viel Arbeit und Kopfzerbrechen bereiten. Denn es muss der Wert des Nachlasses zu dem Zeitpunkt ermittelt werden, an dem der Erblasser verstorben ist. Die entstandenen Kosten können selbstverständlich vom Nachlasswert abgezogen werden.

Es wird dabei zwischen einem privaten Nachlassverzeichnis und einem notariellen Nachlassverzeichnis unterschieden. Das private Nachlassverzeichnis können die Erben selbst erstellen und darin alle Vermögenswerte auflisten. Ein notarielles Nachlassverzeichnis könnte von einem Pflichtteilsberechtigten verlangt werden – die anderen Erben müssten diesem Wunsch nachkommen.

Ein Nachlassverzeichnis kann also bei Erbstreitigkeiten erforderlich sein. Aber es kann noch andere Gründe geben, die ein Nachlassverzeichnis notwendig machen, besonders dann, wenn ein größeres Vermögen vererbt wird:

- Das Finanzamt kann ein Nachlassverzeichnis verlangen, um damit die Erbschaftssteuer der einzelnen Erben zu berechnen.
- Wurde ein Testamentsvollstrecker eingesetzt, gibt dieser den Erben mit einem Nachlassverzeichnis Auskunft über die Erbschaft.
- Auch dann, wenn ein Erbe zum Zeitpunkt des Erbfalls minderjährig ist, ist das Erstellen eines Nachlassverzeichnisses erforderlich.
- Des Weiteren können Gläubiger des Verstorbenen sowie Nacherben das Erstellen eines Nachlassverzeichnisses verlangen.

Wenn es mehrere Erben gibt, ist es in jedem Fall sinnvoll, alle Vermögenswerte aufzulisten. Dazu zählen selbstverständlich auch kostbarer Schmuck, Bargeld oder Antiquitäten, die nicht einfach dem Erbe entnommen werden dürfen. Dies könnte den Straftatbestand des Diebstahls bzw. der Unterschlagung erfüllen.

3.3 Wann Erben einen Erbschein benötigen

Beim Nachlassgericht können Erben auch den sogenannten Erbschein beantragen. Es handelt sich dabei um ein Dokument, das einen Erben als solchen ausweist. Die Kosten für den Erbschein richten sich dabei nach dem Nachlasswert und können bei größeren Erbschaften schnell höhere dreistellige oder sogar vierstellige Beträge erreichen. Ein Erbschein ist aber nicht in allen Fällen notwendig.

Wichtig ist zunächst zu wissen: Sobald Sie einen Erbschein beantragen, können Sie das Erbe nicht mehr ausschlagen. Vor der Beantragung eines Erbscheins sollten Sie also zunächst klären, ob Sie das Erbe annehmen möchten oder nicht. Und dazu gehört, sich einen umfassenden Überblick über das hinterlassene Vermögen – oder eben auch die Verbindlichkeiten – der verstorbenen Person zu verschaffen.

Ein Erbschein wird für Umschreibungen im Grundbuch gebraucht, aber auch für Gesellschafterwechsel in bestimmten Firmenkonstrukten. Noch häufiger sind aber Fälle, in denen Banken einen Erbschein verlangen könnten, um auf die Konten und Depots des Erblassers zuzugreifen. Allerdings wurde bereits 2013 vom BGH geklärt, dass eine Erbschaft gegenüber den Banken auch auf andere Weise nachgewiesen werden kann, etwa durch eine beglaubigte Kopie des Testaments.

Sie erinnern sich, dass auf Seite 30 auch eine Bankvollmacht zur Sprache kam. Eine solche Bankvollmacht lässt sich auch über den Tod hinaus erstellen, was einen teuren Erbschein – zumindest im Zusammenhang mit Bankgeschäften – ebenfalls überflüssig machen würde.

Wie beantrage ich einen Erbschein?

Wenn Sie als Erbe feststellen, dass Sie einen Erbschein benötigen, und das Ausschlagen der Erbschaft ausgeschlossen haben, beantragen Sie den Erbschein beim Nachlassgericht (einer Abteilung des zuständigen Amtsgerichts). Sie können dies in schriftlicher Form tun, wobei aber das Schreiben einer E-Mail nicht ausreicht. Bis Sie den Erbschein erhalten, kann es mehrere Wochen dauern.

Die Alternative zum schriftlichen Antrag ist, den Erbschein vor Ort beim Nachlassgericht zu beantragen. Ihr mündlicher Antrag wird dann protokolliert, und die Überprüfung Ihres Erbanspruchs bzw. das Erstellen des Erbscheins wird auch in dieser Form angestoßen. Alternativ kann der Erbschein bei einem Notar beantragt werden.

Gilt der Erbschein auch im Ausland?

Brauchen Sie einen Erbnachweis für Vermögenswerte im Ausland, reicht der deutsche Erbschein in der Regel nicht aus. Beantragen Sie für Erbschaften in der Europäischen Union ein Europäisches Nachlasszeugnis (ENZ). Haben Sie bereits einen deutschen Erbschein erhalten und stellen fest, dass Sie zusätzlich ein Europäisches Nachlasszeugnis benötigen, lassen sich die Kosten für den deutschen Erbschein auf das ENZ anrechnen.

Im Nicht-EU-Ausland kann der Nachweis, dass Sie Erbe sind, komplizierter sein. Dort könnten Sie darauf hoffen, dass Ihr deutscher Erbschein akzeptiert wird, vielleicht in Kombination mit einer beglaubigten Testamentskopie, aber das ist von Land zu Land zu klären.

Ein weiteres Erfordernis könnte der sogenannte Fremdrechtserbschein sein, der nachweist, dass das Recht eines anderen Landes auf den Erbfall anzuwenden ist. Deutscher Erbschein und Fremdrechtserbschein können parallel beantragt und sogar in einem gemischten Erbschein zusammengefasst werden.

Aber spätestens in einem solchen komplexen Fall ist es dringend geboten, Rat bei einem Fachanwalt einzuholen.

3.4 So berechnen Sie die Erbschaftssteuer

Bei einer Erbschaft wird eine Steuer auf das geerbte Vermögen erhoben. Dies passiert aber erst dann, wenn bestimmte Freibeträge überschritten werden, die sich nach dem Verwandtschaftsgrad zum Erblasser richten bzw. danach, ob es sich um den Ehepartner gehandelt hat oder nicht. Die ersten Erbschaftssteuern sollen übrigens schon bei den alten Sumerern und Ägyptern erhoben worden sein. Sie zählt damit zu den ältesten nachweisbaren Steuern überhaupt.

Zunächst einmal ist zu sagen, dass in Deutschland schon länger eine Erbschaftssteuerreform im Gespräch ist. Die in diesem Abschnitt angegebenen Daten und Freibeträge lesen Sie deshalb bitte unter diesem Vorbehalt. Nur als Beispiel: Das ifo Institut regte Anfang 2025 eine Absenkung der Erbschaftssteuer auf 5 % oder 10 % an, die für alle Vermögensarten gelten solle; außerdem sollten die Freibeträge der Erbschaftssteuer dynamisch an die Inflation angepasst werden. Was dann aber tatsächlich kommen wird, ist mehr als fraglich. Dieses Buch richtet sich deshalb ausschließlich nach der aktuell gültigen Rechtslage.

Wie wird das Finanzamt über meine Erbschaft informiert?

Wenn Sie erfahren, dass Sie erben, müssen Sie dies dem zuständigen Finanzamt in der Regel innerhalb von drei Monaten formlos melden. Eine Ausnahme gilt z. B., wenn aus einem vom Nachlassgericht eröffneten Testament Ihr Verhältnis zum Erblasser hervorgeht, also ob Sie die Tochter sind, ein Enkelkind usw.

Auf Elster, einem Onlineportal des Finanzamts, können Sie Ihre Erbschaftssteuererklärung digital erledigen.

Um auf der sicheren Seite zu sein, sollten Sie dem Finanzamt Ihre Erbschaft aber in jedem Fall anzeigen. In § 30 Abs. 4 ErbStG (Erbschaftsteuer- und Schenkungsteuergesetz) steht, welche Angaben bei dieser Anzeige erwartet werden:

(4) Die Anzeige soll folgende Angaben enthalten:

1. Vorname und Familienname, Identifikationsnummer (§ 139b der Abgabenordnung), Beruf, Wohnung des Erblassers oder Schenkers und des Erwerbers;

2. Todestag und Sterbeort des Erblassers oder Zeitpunkt der Ausführung der Schenkung;

3. Gegenstand und Wert des Erwerbs;

4. Rechtsgrund des Erwerbs wie gesetzliche Erbfolge, Vermächtnis, Ausstattung;

5. persönliches Verhältnis des Erwerbers zum Erblasser oder zum Schenker wie Verwandtschaft, Schwägerschaft, Dienstverhältnis;

6. frühere Zuwendungen des Erblassers oder Schenkers an den Erwerber nach Art, Wert und Zeitpunkt der einzelnen Zuwendung.

Außer den Angaben zu Ihrer Person und zum Verstorbenen machen Sie also auch Angaben zur Höhe Ihres Erbes (im Gesetzestext »Erwerb« genannt) und über Ihr Verhältnis zum Erblasser. Schreiben Sie außerdem, ob es sich um ein Erbe oder um ein Vermächtnis handelt. Bei der in Absatz 4 ebenfalls genannten Ausstattung handelt es sich um Vermögen, das Kindern zu Lebzeiten übertragen wird, z. B. zur Hochzeit. Schließlich sind auch Angaben erforderlich, ob Sie schon zu früheren Zeitpunkten Zuwendungen vom Erblasser erhalten haben. Ist eine Schenkung nämlich innerhalb von zehn Jahren vor dem Erbfall erfolgt, wird diese dem Erbe zugerechnet.

Gegebenenfalls werden Sie vom Finanzamt aufgefordert, eine Erbschaftssteuererklärung abzugeben, nämlich dann, wenn es davon ausgeht, dass die Freibetragsgrenzen überschritten werden.

Von sich aus sind Sie als Erbe nicht zur Erbschaftssteuererklärung verpflichtet. Sie können, wenn eine Erbschaftssteuererklärung verlangt wird, einen Steuerberater beauftragen oder die Erklärung selbst online erledigen unter www.elster.de.

3.4 So berechnen Sie die Erbschaftssteuer

Wie hoch ist mein Freibetrag?

Wie schon erwähnt, richtet sich die Höhe des Freibetrags nach dem Verwandtschaftsgrad, wobei überlebende Ehegatten sowie Kinder unter 27 Jahren noch zusätzlich einen Versorgungsfreibetrag draufschlagen können. Die folgenden Angaben waren in Deutschland im Juli 2025 gültig.

Den höchsten Freibetrag haben überlebende Ehegatten bzw. eingetragene Lebenspartner. Der nicht zu versteuernde Freibetrag beläuft sich auf 500.000 Euro. Dazu kommt ein Versorgungsfreibetrag in Höhe von 256.000 Euro. Insgesamt sind es also 756.000 Euro. Allerdings werden auf den Versorgungsfreibetrag eventuelle Versorgungsbezüge angerechnet, z. B. eine Beamtenpension oder betriebliche Versorgungsbezüge. Diese würden in entsprechender Höhe vom Versorgungsfreibetrag abgezogen werden. Nur die 500.000 Euro Freibetrag gelten unabhängig von weiteren Ansprüchen.

Aber das ist noch nicht alles. Erben der Steuerklasse I (vgl. Infobox), zu denen auch überlebende Ehegatten gehören, können zusätzlich steuerfrei Hausrat im Wert von bis zu 41.000 Euro erben und bewegliche Gegenstände (z. B. ein Auto oder Kunstwerke) im Wert von bis zu 12.000 Euro. Achtung! Diese Freibeträge gelten nicht für Bargeld, Edelmetalle, Edelsteine oder Perlen.

Steuerklassen einfach erklärt

In welche Steuerklasse Sie bei einer Erbschaft fallen, hängt von Ihrem Verhältnis zum Erblasser ab. Zur Steuerklasse I zählen überlebende Ehegatten bzw. eingetragene Lebenspartner, Kinder und deren Abkömmlinge, außerdem Eltern und Voreltern. In die Steuerklasse II fallen Geschwister und Halbgeschwister, außerdem Geschwisterkinder, Stiefeltern, Schwiegereltern und schließlich auch ein geschiedener Ehepartner. Steuerklasse III gilt für alle Personen, die nicht in die Steuerklassen I oder II fallen, egal ob verwandt oder nicht verwandt.

Wenn Sie das alles zusammenrechnen, kann ein Ehegatte ein Vermögen von bis zu 809.000 Euro erben, ohne darauf Steuern bezahlen zu müssen. Diese Summe klingt erst mal nach sehr viel Geld, kann sich jedoch schnell relativieren, wenn mehrere Immobilien geerbt werden.

Zumindest für selbst genutzte Immobilien gibt es Entwarnung. Auch ein von Ehegatten oder eingetragenen Lebenspartnern selbst bewohntes Haus wird von der Erbschaftssteuer ausgenommen. Sogar Kinder können eine Immobilie mit bis zu 200 Quadratmetern Wohnfläche steuerfrei erben. Voraussetzung ist dann allerdings, dass die Immobilie dann weitere zehn

Jahre lang zu eigenen Wohnzwecken genutzt wird. Wird die Immobilie innerhalb dieses Zeitraums verkauft oder vermietet, ist die Erbschaftssteuer rückwirkend fällig. Ausnahmen sind dabei wichtige Gründe für den Verkauf oder die Vermietung, etwa ein Todesfall oder eine erhebliche Pflegebedürftigkeit.

Der zweithöchste Freibetrag bei der Erbschaftssteuer wird Kindern gewährt, nämlich 400.000 Euro pro Kind. Zu den Kindern zählen sowohl eheliche als auch nicht eheliche Kinder, Adoptivkinder genauso wie Stiefkinder. Lediglich Pflegekinder fallen nicht in diese Kategorie. Sind die Kinder beim Erbfall unter 27 Jahre alt, kommen Versorgungsfreibeträge zwischen 10.300 Euro und 52.000 Euro hinzu, abhängig vom Alter der Kinder. Ist ein Kind bereits verstorben und erbt an seiner statt das Enkelkind, gilt für das Enkelkind ebenfalls der Freibetrag von 400.000 Euro, jedoch entfallen die Versorgungsfreibeträge.

Enkelkinder, die nicht anstelle eines verstorbenen Kindes erben, steht lediglich ein Freibetrag in Höhe von 200.000 Euro zu. Weiteren Abkömmlingen (Urenkeln usw.) sowie Eltern und Voreltern (Großeltern, Urgroßeltern) wird ein Freibetrag von jeweils 100.000 Euro zugestanden.

Bei allen weiteren Personen, also allen Personen, die in Steuerklasse II oder Steuerklasse III fallen, beträgt der Freibetrag lediglich 20.000 Euro. Beispielsweise Geschwister haben also einen genauso hohen Freibetrag wie eine mit dem Erblasser überhaupt nicht verwandte oder verschwägerte Person. Unterschiede zwischen den Steuerklassen gibt es dann aber bei der Höhe der Erbschaftssteuer.

Wie hoch ist, prozentual gesehen, die Erbschaftssteuer?

Erbschaftssteuer wird auf den Betrag bezahlt, der nicht von einem Freibetrag gedeckt ist. Angenommen, der Freibetrag liegt bei 100.000 Euro und das geerbte Vermögen bei 105.000 Euro, sind 5.000 Euro zu versteuern. Die Höhe der Erbschaftssteuer richtet sich dabei zum einen nach der Steuerklasse, zum anderen aber auch nach der Höhe des zu versteuernden Betrags. Die folgende Tabelle gibt Ihnen eine entsprechende Übersicht.

Zu versteuerndes Erbe bis ...	Steuerklasse I	Steuerklasse II	Steuerklasse III
... 75.000 €	7 %	15 %	30 %
... 300.000 €	11 %	20 %	30 %
... 600.000 €	15 %	25 %	30 %
... 6.000.000 €	19 %	30 %	30 %
... 13.000.000 €	23 %	35 %	50 %
... 26.000.000 €	27 %	40 %	50 %
mehr als 26.000.000 €	30 %	43 %	50 %

3.4 So berechnen Sie die Erbschaftssteuer

Sie können der Tabelle entnehmen, dass der niedrigste Steuersatz in Steuerklasse I 7 % beträgt, der höchste 30 %. In Steuerklasse II ist der niedrigste Steuersatz 15 %, der höchste 43 %. Und in Steuerklasse III sind zwischen 30 % und 50 % auf das zu versteuernde Erbe fällig.

Vorhin haben Sie gesehen, dass z. B. ein Bruder (Steuerklasse II) und eine nicht verwandte Person aus Steuerklasse III den gleichen Freibetrag haben. Beim Steuersatz gibt es jedoch Unterschiede. Angenommen, der Bruder und die nicht verwandte Person erben jeweils 100.000 Euro. Beide haben einen Freibetrag von 20.000 Euro, zu versteuern sind also 80.000 Euro. Der Blick in die Tabelle zeigt, dass der Bruder darauf lediglich 20 % Erbschaftssteuer bezahlt (16.000 Euro), die nicht verwandte Person hingegen 30 % (24.000 Euro).

Wenn Sie einen Taschenrechner zur Hand nehmen, können Sie die fällige Erbschaftssteuer selbst ausrechnen. Dies sind die Schritte:

1. Ziehen Sie vom Erbe Ihren Freibetrag ab. Beispiel für ein Enkelkind:
370.000 Euro - 200.000 Euro = 170.000 Euro.

2. Schauen Sie in der Tabelle nach, welcher Prozentsatz für den zu versteuernden Betrag in Ihrer Steuerklasse fällig ist.
Beispiel: In Steuerklasse I beträgt der Prozentsatz für ein zu versteuerndes Erbe in Höhe von 170.000 Euro 11 %.

3. Teilen Sie diesen Prozentsatz durch 100.
Beispiel: 11 / 100 = 0,11.

4. Multiplizieren Sie das Ergebnis aus Schritt 3 mit dem Betrag aus Schritt 1, um die Höhe der Erbschaftssteuer zu ermitteln.
Beispiel: 0,11 x 170.000 Euro = 18.700 Euro.

Bei dem Beispiel sind also 18.700 Euro Erbschaftssteuer fällig, die ans Finanzamt abgeführt werden müssen. Wird die Erbschaftssteuer vom Erbe in Höhe von 370.000 Euro abgezogen, bleiben dem Erben (hier einem Enkelkind) also immer noch 351.300 Euro. Bezogen auf das gesamte Erbe des Enkelkinds beträgt die Steuerlast nur etwas mehr als 5 %.

Es wird ja nicht nur Geld vererbt: Wie wird das geerbte Vermögen berechnet?

Mit Geldsummen lässt sich leicht rechnen. Der schwierige Part besteht jedoch oft darin, solche Geldsummen nennen zu können. Dies gilt gerade dann, wenn auch Immobilieneigentum Teil des Erbes ist. Bei der Bewertung sämtlicher Vermögensarten wird der sogenannte Verkehrswert zugrunde gelegt, der auch Marktwert oder gemeiner Wert genannt wird. Gemeint ist damit der Preis, der bei einem Verkauf zu den aktuellen Marktgegebenheiten zu erzielen wäre. Dabei ist als Stichtag der Todestag des Erblassers maßgeblich.

Gerade bei Immobilien kann es sein, dass der Wert vom Finanzamt falsch eingeschätzt wird. Es besichtigt die Immobilie nicht selbst, sondern orientiert sich, abhängig von der Lage, an Durchschnittswerten. Es kann dabei drei unterschiedliche Verfahren anwenden, nämlich das Vergleichswertverfahren, das Ertragswertverfahren oder das Sachwertverfahren.

Falls das Finanzamt einen Ihrer Meinung nach zu hohen Immobilienwert ansetzt, könnte es sich lohnen, Einspruch einzulegen und ein professionelles Immobiliengutachten in Auftrag zu geben. Ein Einspruch gegen die Wertermittlung des Finanzamts ist innerhalb eines Monats ab der Zustellung des Feststellungsbescheids möglich. Zum Thema Immobilien lesen Sie dann noch mehr in Kapitel 5.

Was gilt im Fall einer Schenkung zu Lebzeiten?

Um Vermögen zu übertragen, muss nicht auf den Tod gewartet werden, sondern es sind zu Lebzeiten Schenkungen möglich. Es gelten hierbei, bis auf zwei Ausnahmen, die gleichen Steuerfreibeträge wie bei einer Erbschaft. Die erste Ausnahme ist, dass die Versorgungsfreibeträge für Ehegatten und Kinder unter 27 Jahren entfallen. Die zweite Ausnahme ist, dass Eltern und Voreltern bei einer Schenkung von Steuerklasse I in Steuerklasse II rutschen.

Die Freibeträge für Schenkungen können alle zehn Jahre genutzt werden. Beachten Sie aber, dass eine Schenkung – genau wie eine Erbschaft – beim Finanzamt angezeigt werden muss, und zwar sowohl von der beschenkten Person als auch von der schenkenden Person.

Des Weiteren ist zu beachten, dass eine Schenkung unter Umständen durch einen Pflichtteilsempfänger zurückgefordert werden kann, wenn der Erbfall innerhalb von zehn Jahren nach der Schenkung erfolgt. Eine Schenkung kann später mit einem Erbe verrechnet werden, aber nur, wenn der Erblasser dies so bestimmt.

Was eine Ausstattung anbelangt, also eine Zuwendung an ein Kind, z. B. für die Heirat, gilt das Umgekehrte. Die Ausstattung wird später mit dem gesetzlichen Erbe verrechnet, falls der Erblasser bei der Zuwendung nichts anderes bestimmt.

4

Das eigenhändige Testament

Nun haben Sie sich mit der gesetzlichen Erbfolge auseinandergesetzt und sind zu dem Schluss gekommen, dass das Erstellen eines Testaments für Sie sinnvoll wäre. Mit Ihrem Testament möchten Sie regeln, wer nach Ihrem Ableben Ihr Vermögen erben soll oder wem Sie bestimmte Gegenstände vermachen möchten. Sie drücken mit Ihrem Testament Ihren letzten Willen aus, erstellen also eine letztwillige Verfügung. Wir sprechen hier zunächst über das Testament einer einzelnen Person und anschließend über gemeinschaftliche eigenhändige Testamente.

Das Wort Testament stammt, wie bereits an anderer Stelle erwähnt, vom lateinischen »testari« für »bezeugen«. Wenn Sie ein Testament aufsetzen, ist aber nicht zwingend ein Zeuge notwendig. Erforderlich ist hingegen, dass Sie testierfähig sind. In Deutschland sind Sie dies ab dem 16. Geburtstag. Eine Einschränkung wird jedoch in § 2229 Abs. 4 BGB gemacht:

(4) Wer wegen krankhafter Störung der Geistestätigkeit, wegen Geistesschwäche oder wegen Bewusstseinsstörung nicht in der Lage ist, die Bedeutung einer von ihm abgegebenen Willenserklärung einzusehen und nach dieser Einsicht zu handeln, kann ein Testament nicht errichten.

Allerdings ist es so, dass Sie Ihre Testierfähigkeit nicht nachweisen müssen, wenn Sie ein Testament aufsetzen und das Mindestalter erreicht haben. Die Testierfähigkeit wird nach deutschem Recht einfach vorausgesetzt. Wäre eine Person nicht mit Ihrem Testament einverstanden und würde dieses anfechten wollen, müsste sie Ihnen eine nicht vorhandene Testierfähigkeit nachweisen. Die Beweislast liegt in diesem Fall also bei der anfechtenden Person.

Wenn Sie ein rechtskräftiges Testament erstellen möchten, haben Sie dafür grundsätzlich zwei Möglichkeiten. Für welche der beiden Optionen Sie sich entscheiden, richtet sich vor allem nach der Größe Ihres Vermögens, aber auch danach, wie vertrauenswürdig Sie Ihre Erben einschätzen. Zudem gibt es einen Unterschied beim Mindestalter.

Die erste und simpelste Möglichkeit ist das **eigenhändige Testament**. Bei dieser Variante verfassen Sie Ihr Testament handschriftlich und versehen es mit dem aktuellen Datum und dem Ort, an dem Sie das Testament geschrieben haben. Unterschreiben Sie außerdem das eigenhändige Testament. Wichtig: Alles muss von Hand aufgeschrieben werden, es reicht nicht aus, ein Word-Dokument auszudrucken und zu unterschreiben! Um ein eigenhändiges Testament erstellen zu können, müssen Sie mindestens 18 Jahre alt sein.

Die zweite Möglichkeit ist das **öffentliche Testament**. Ein solches Testament wird bei einem Notar erstellt, dem Sie Ihre letztwillige Verfügung mitteilen und der Sie zu Themen rund um das Testament berät. Was das kostet, richtet sich nach der Höhe des Vermögens, das Sie vererben. Für normale Vermögen bewegen sich die Kosten im dreistelligen oder unteren vierstelligen Bereich.

In diesem Kapitel lernen Sie zunächst das eigenhändige Testament kennen; mit dem notariellen Testament befassen Sie sich dann in Kapitel 5. Sie erfahren auf den nächsten Seiten ausführlich, wie Sie zum Errichten eines eigenhändigen Testaments vorgehen und was Sie dabei beachten sollten. Sie finden außerdem Bausteine, die Sie in Ihrem Testament verwenden können, sowie Muster-Testamente, die Ihnen eine inhaltliche Orientierung ermöglichen.

4.1 Papier und Stift – mehr brauchen Sie nicht

Ein Testament zu schreiben, ist das eine. Aber natürlich werden Sie sich zuvor Gedanken darüber machen, wem Sie etwas vererben oder vermachen möchten. Außerdem gilt es, Pflichtteile zu bedenken, die auch mit einem Testament nicht weggewischt werden können. Dieser Pflichtteil entspricht der Hälfte des gesetzlichen Erbanspruchs, mit dem Sie sich im dritten Kapitel dieses Buches vertraut gemacht haben.

Setzen Sie sich in einer ruhigen Stunde erst einmal hin und denken Sie darüber nach, wem Sie in Ihrem Leben viel zu verdanken haben. Bei wem möchten Sie sich durch einen Erbanteil oder ein Vermächtnis bedanken? Sie könnten auch eine andere Person nach Ihrem Ableben finanziell absichern wollen. Oder möchten Sie einer wohltätigen Organisation einen Teil Ihres Erbes zukommen lassen? Das alles können Sie sich überlegen und sich Notizen zu möglichen Erben und Vermächtnisempfängern machen. Zur Erinnerung: Ein Vermächtnis ist der Erbschaft nachgelagert, d. h., das Vermächtnis wird gegenüber den Erben geltend gemacht.

Sinnvollerweise könnten Sie sich auch aufschreiben, was Sie an Vermögenswerten Ihr Eigen nennen und welche eventuellen Verbindlichkeiten dem gegenüberstehen. Erstellen Sie also gewissermaßen eine Bilanz über die Vermögenssumme, die Sie an Ihre Erben verteilen können. In vielen Fällen reichen diese Vorüberlegungen aus, um an das Erstellen des Testaments zu gehen.

Muss ich auf Dokumentenechtheit achten?

Alles, was Sie zum Schreiben eines eigenhändigen Testaments brauchen, sind tatsächlich nur ein oder mehrere Blatt Papier sowie ein Stift, wobei Sie nach Möglichkeit einen dokumentenechten Stift wählen, wozu unter anderem viele handelsübliche Kugelschreiber sowie dokumentenechte Fineliner zählen.

Wenn Sie kein Risiko eingehen möchten, kaufen Sie einen Stift bzw. eine Mine mit der Norm ISO 12757-2 bzw. lassen sich in einem Fachgeschäft beraten. Nur so haben Sie die größtmögliche Rechtssicherheit.

Ein leeres Blatt Papier und ein Kugelschreiber reichen aus, um ein eigenhändiges Testament zu errichten.

4.1 Papier und Stift – mehr brauchen Sie nicht

Dokumentenechtheit bedeutet vor allem, dass das Geschriebene gegenüber Wischen, Wasser, Licht oder Chemikalien beständig sowie nicht radierbar ist, also nicht ohne Spuren entfernt werden kann. Nicht zu den dokumentenechten Stiften zählt etwa ein Bleistift.

Zwar macht das Verfassen eines Testaments mit einem Bleistift dieses nicht per se rechtsunwirksam, aber es kann bei Rechtsstreitigkeiten Zweifel an der Ernsthaftigkeit des Testaments aufkommen lassen. Dies war etwa 2021 der Fall, als ein mit Bleistift auf die Rückseite von Werbezetteln gekritzeltes Testament vom Oberlandesgericht Hamm für ungültig erklärt wurde, da die unübliche Schreibunterlage und der verwendete Bleistift Zweifel am Testierwillen des Erblassers aufkommen ließen.

Dazu muss aber gesagt werden, dass vom Erblasser viele Jahre vorher ein notarielles Testament errichtet wurde, das trotz des älteren Datums als gültig betrachtet werden konnte. Dies nur zur Veranschaulichung, dass Sie Ihr Testament besser mit einem dokumentenechten Kugelschreiber verfassen sollten. Und natürlich sollte das verwendete Papier leer und nicht mit Werbung bedruckt sein.

Kann ich mein Testament auf mehreren Seiten aufschreiben?

Wenn Sie in Ihrem Testament mehrere Personen bedenken möchten, kann dieses natürlich mehrere Seiten umfassen. Sie können Vorder- und Rückseite eines Blattes beschreiben und auch mehrere Blätter verwenden. Wichtig ist dabei nur, dass ersichtlich wird, dass alle Seiten zum gleichen Dokument gehören. Dies erreichen Sie z. B. durch eine Nummerierung der Seiten (»Seite 1 von 5«, »Seite 2 von 5« usw.) oder durch das fortlaufende Schreiben von einer Seite zur nächsten, sodass ein innerer Zusammenhang erkannt werden kann. Sinnvoll kann es auch sein, die Blätter zusammenzutackern oder zumindest zusammen in einer Klarsichtfolie aufzubewahren.

Wie sorge ich dafür, dass mein Testament tatsächlich berücksichtigt wird?

Sie haben bereits erfahren, dass jedes gefundene Testament beim Nachlassgericht eingereicht werden muss. Damit das Testament aufgefunden wird, wählen Sie einen passenden Aufbewahrungsort, etwa Ihren Vorsorgeordner, einen Tresor oder ein Bankschließfach. Informieren Sie Ihre Angehörigen darüber, wo sich das Testament befindet.

Wenn es sich um ein größeres Vermögen handelt, das Sie vererben werden, müssen Sie sich natürlich auch die Frage stellen, ob es eventuell benachteiligte Personen geben könnte, die das Testament einfach verschwinden lassen könnten. Bei solch einem Verdacht wäre wohl das notarielle Testament die bessere Wahl.

Damit ein eigenhändiges Testament rechtskräftig ist, müssen Sie außerdem einige Formalien beachten, die in § 2247 BGB festgehalten sind:

(1) Der Erblasser kann ein Testament durch eine eigenhändig geschriebene und unterschriebene Erklärung errichten.

(2) Der Erblasser soll in der Erklärung angeben, zu welcher Zeit (Tag, Monat und Jahr) und an welchem Orte er sie niedergeschrieben hat.

(3) Die Unterschrift soll den Vornamen und den Familiennamen des Erblassers enthalten. Unterschreibt der Erblasser in anderer Weise und reicht diese Unterzeichnung zur Feststellung der Urheberschaft des Erblassers und der Ernstlichkeit seiner Erklärung aus, so steht eine solche Unterzeichnung der Gültigkeit des Testaments nicht entgegen.

(4) Wer minderjährig ist oder Geschriebenes nicht zu lesen vermag, kann ein Testament nicht nach obigen Vorschriften errichten.

(5) Enthält ein nach Absatz 1 errichtetes Testament keine Angabe über die Zeit der Errichtung und ergeben sich hieraus Zweifel über seine Gültigkeit, so ist das Testament nur dann als gültig anzusehen, wenn sich die notwendigen Feststellungen über die Zeit der Errichtung anderweit treffen lassen. Dasselbe gilt entsprechend für ein Testament, das keine Angabe über den Ort der Errichtung enthält.

Zwingend erforderlich sind demnach also die Handschriftlichkeit, die Unterschrift sowie die Angabe von Tag, Monat und Jahr sowie des Ortes der Niederschrift. Fehlen Datums- und Ortsangabe, bestünde nach Absatz 5 noch die Möglichkeit, diese auf andere Weise festzustellen, aber da wird es sehr vage. In jedem Fall würden durch das Fehlen dieser Angaben Zweifel an der Gültigkeit des Testaments gesät, was Sie dringend vermeiden sollten.

4.1 Papier und Stift – mehr brauchen Sie nicht

Kann ein eigenhändiges Testament amtlich verwahrt werden?

Nicht nur ein notarielles Testament, sondern auch ein eigenhändiges Testament können Sie amtlich verwahren lassen. Hierfür reicht ein formloser Antrag beim zuständigen Amtsgericht aus. Die Kosten für die amtliche Verwahrung liegen aktuell bei 75 Euro. Man erhält einen Hinterlegungsschein und kann das Testament jederzeit aus der amtlichen Verwahrung zurückverlangen.

Wann kann ein Testament angefochten werden?

Ihr Testament kann beispielsweise dann angefochten werden, wenn der Verdacht besteht, dass das Dokument unter Drohungen verfasst wurde, oder weil es als sittenwidrig eingestuft wird. Auch dann, wenn einem Erben der gesetzliche Pflichtteil nicht zugestanden wird, ist eine Anfechtung möglich. Die Anfechtungserklärung wird beim zuständigen Nachlassgericht eingereicht, wobei für die Anfechtung in der Regel ein Rechtsanwalt eingeschaltet wird. Bei der Anfechtung geht es also darum, etwas aus dem Erbe zu erhalten. Auf der anderen Seite kann ein Erbe natürlich auch ausgeschlagen werden, wenn der Verdacht besteht, dass man eher Schulden erben würde, oder wenn das Geerbte den Aufwand nicht rechtfertigt, etwa wenn auch noch eine Schrottimmobilie im Ausland im Spiel ist.

Kann ich ein Testament selbst widerrufen?

Selbstverständlich können Sie selbst Ihr Testament jederzeit widerrufen. Wenn Sie das Testament selbst aufbewahren, müssen Sie es hierzu lediglich vernichten. Haben Sie ein öffentliches Testament bei einem Notar errichtet, würden Sie es zum Widerrufen aus der öffentlichen Verwahrung herausnehmen. Auch dann, wenn Sie ein neues Testament mit anderen Inhalten erstellen, wird das ältere Testament ungültig.

Was ist, wenn ein von mir eingesetzter Erbe vor mir stirbt?

Stirbt ein testamentarisch eingesetzter Erbe, fällt das diesem zugedachte Erbe an andere von Ihnen bestimmte Erben bzw. an die gesetzlichen Erben. Sie können im Testament auch einen Ersatzerben für jeden Erben festlegen.

4.2 Der Unterschied zwischen Erbe und Vermächtnis

Die Erben sind diejenigen Personen, auf die das Vermögen des Erblassers nach dessen Tod übergeht. Das können natürliche Personen sein, auch der sogenannte Nasciturus, also ein beim Erbfall bereits gezeugtes, aber noch ungeborenes Kind, aber auch juristische Personen, die beim Erbfall bereits gegründet waren, sowie Stiftungen, die gegebenenfalls auch erst nach dem Tod des Erblassers gegründet werden können, wenn dieser das testamentarisch festlegt.

Ein Alleinerbe erbt das gesamte Vermögen, häufig wird das Vermögen aber unter mehreren Erben aufgeteilt, gegebenenfalls zu unterschiedlichen Teilen. Das haben Sie ja bereits in Kapitel 3 über die gesetzliche Erbfolge erfahren.

Wenn Sie einer Person nach Ihrem Tod einen Anteil aus Ihrem Vermögen hinterlassen möchten, kommt aber nicht nur das Erbe infrage, sondern auch ein Vermächtnis. Das Vermächtnis kann aus einem Geldbetrag bestehen, einem wertvollen Gegenstand, Erinnerungsstücken oder auch aus der Einräumung eines Rechts wie z. B. eines Wohnrechts. Es gibt dabei keine wertmäßige Obergrenze. In § 1939 BGB heißt es einfach nur:

Der Erblasser kann durch Testament einem anderen, ohne ihn als Erben einzusetzen, einen Vermögensvorteil zuwenden (Vermächtnis).

Wenn Sie ein Testament verfassen, ist es sehr wichtig, eindeutig zwischen den Erben und eventuellen Vermächtnisnehmern zu unterscheiden. Es muss aus dem Testament klar hervorgehen, wer zu den Erben zählt und wem Sie lediglich etwas vermachen möchten.

Wird ein Vermächtnisnehmer im Testament bedacht, geht das Vermögen trotzdem zuerst an die Erben über. Diese sind dann dazu verpflichtet, dem Vermächtnisnehmer das Vermächtnis zu übergeben. Ähnlich verhält es sich übrigens auch bei einem Pflichtteilsempfänger, falls dieser »enterbt« wurde. Aber zum Thema Pflichtteil erfahren Sie mehr in Kapitel 7.

4.2 Der Unterschied zwischen Erbe und Vermächtnis

Kann ein Vermächtnis mit einer Auflage verknüpft werden?

Ein Vermächtnis – und übrigens auch ein Erbe – lässt sich mit einer Auflage verknüpfen, etwa ein hinterbliebenes Haustier aufzunehmen oder sich um die Grabpflege zu kümmern. Dies wird in § 1940 BGB ausgeführt:

Der Erblasser kann durch Testament den Erben oder einen Vermächtnisnehmer zu einer Leistung verpflichten, ohne einem anderen ein Recht auf die Leistung zuzuwenden (Auflage).

Es gibt allerdings keine festgeschriebene Kontrollinstanz. Die Kontrolle könnten aber bei einem Vermächtnisnehmer die Erben übernehmen, die dann ja auch das Vermächtnis auszuhändigen haben. Aber auch ein Testamentsvollstrecker oder eine Behörde kommen als Kontrollinstanz infrage. Möchten Sie ein Erbe oder Vermächtnis testamentarisch mit einer Auflage verknüpfen, sollten Sie exakt beschreiben, was erforderlich ist, um die Auflage zu erfüllen.

Was geschieht, wenn die Erben ein Vermächtnis nicht aushändigen?

Die Erben werden gewissermaßen zu Schuldnern des Vermächtnisnehmers. Händigen sie das Vermächtnis nicht freiwillig aus, kann der Vermächtnisnehmer die Herausgabe einklagen. Dies ist aber frühestens nach der Annahme des Erbes möglich.

Was ist der Unterschied zwischen einem Vermächtnis und einem Schenkungsversprechen?

Nun kann es auch sein, dass Sie einer Person bereits zu Ihren Lebzeiten eine Schenkung nach Ihrem Tod versprechen. Das ist möglich, allerdings ist hierfür zwingend eine notarielle Beurkundung erforderlich, damit das Schenkungsversprechen rechtskräftig wird (siehe § 518 BGB).

4.3 Bausteine für Ihr eigenhändiges Testament

Hinten in diesem Buch finden Sie einige nützliche Formulare, aber ein Formular zum Erstellen eines Testaments kann Ihnen leider nicht angeboten werden. Denn ein Testament, das Sie nicht beim Notar errichten, muss komplett handschriftlich verfasst werden. Sie können Word also wieder schließen und den Computer abschalten. Ich möchte Ihnen aber eine andere Form der Handreichung bieten, nämlich verschiedene Bausteine, die Sie in Ihr eigenes Testament einbauen können – natürlich in individuell angepasster Form, denn jedes Testament ist sehr individuell.

Falls Sie eine unleserliche Handschrift haben sollten, ist folgender Hinweis wichtig: Es ist grundsätzlich erlaubt, beim eigenhändigen Erstellen eines Testaments Druckbuchstaben zu verwenden, allerdings nur, solange die individuellen Merkmale Ihrer Handschrift erkennbar bleiben. Um auf Nummer sicher zu gehen, schreiben Sie besser in Ihrer ganz normalen Handschrift. Das Entziffern mag dann etwas länger dauern, aber dafür haben Sie die volle Rechtssicherheit.

Finden Sie als Nächstes die Bausteine, auf deren Basis Sie Ihr individuelles Testament erstellen können – sozusagen Ihren Testament-Baukasten. Generell gilt für das Testament: Fassen Sie sich kurz und konzentrieren Sie sich auf die wirklich wichtigen Inhalte. Ein Testament sollte keinesfalls als Abschiedsbrief an Ihre Angehörigen dienen, sondern lediglich Ihren Nachlass regeln. Einen Abschiedsbrief können Sie gegebenenfalls gesondert aufschreiben.

Wenn Sie Erben oder Vermächtnisempfänger benennen, tun Sie dies jeweils mit vollem Namen sowie dem eventuell anderen Geburtsnamen. Damit ein Erbe eindeutig identifiziert werden kann, ist außerdem die Nennung des Geburtsdatums sowie der Wohnadresse sinnvoll.

Baustein 1: Überschrift

Zunächst einmal ist wichtig, dass ein Testament als solches erkennbar ist. Sie versehen es deshalb mit einer Überschrift, aus der hervorgeht, dass es sich bei dem Dokument um Ihre letztwillige Verfügung handelt. Verwenden Sie also eine Überschrift wie »Testament«, »Mein Testament«, »Letzter Wille« oder »Mein letzter Wille«. Wir verwenden hier als Baustein:

Mein letzter Wille

4.3 Bausteine für Ihr eigenhändiges Testament

Baustein 2: Eingangsformel

Auf die Überschrift folgen ein oder zwei Sätze, in denen Sie nochmals darüber Auskunft geben, dass es sich bei dem Dokument um Ihren letzten Willen handelt. In diesen Satz bauen Sie am besten auch Ihren Vor- und Zunamen sowie Ihren gegebenenfalls abweichenden Geburtsnamen ein sowie Ihr Geburtsdatum und Ihre aktuelle Anschrift. Hierbei geht es lediglich darum, Sie eindeutig zu identifizieren.

Die häufig gehörte oder gelesene Floskel »im Vollbesitz meiner geistigen Kräfte« ist übrigens nicht erforderlich, aber natürlich auch nicht verboten. Wie schon an anderer Stelle erwähnt wurde, wird der Vollbesitz Ihrer geistigen Kräfte, sprich: Ihre Testierfähigkeit, beim Erstellen Ihres Testaments vorausgesetzt.

Wenn Sie Bedenken haben, dass der Vollbesitz Ihrer geistigen Kräfte nach Ihrem Tod infrage gestellt werden könnte, entscheiden Sie sich besser für ein notarielles Testament.

So oder so ähnlich könnte die Eingangsformel in einem Einzeltestament lauten, die als Baustein nach der Überschrift folgt:

Hiermit erkläre ich, Jan Mustermann, geboren am 19.4.1963 in Bad Oeynhausen, zurzeit wohnhaft im Holunderweg 17, 12345 Musterstadt, meinen letzten Willen.

Bei einem gemeinschaftlichen Testament (siehe Abschnitt 4.4), das beide Ehepartner bzw. eingetragene Lebenspartner verfassen, könnte die Eingangsformel beispielsweise so lauten:

Hiermit erklären wir, die Eheleute Jan Mustermann, geboren am 19.4.1963 in Bad Oeynhausen, zurzeit wohnhaft im Holunderweg 17, 12345 Musterstadt, und Birgit Mustermann, geboren am 19.3.1967 in Landshut als Birgit Fritzenschaft, zurzeit ebenfalls wohnhaft im Holunderweg 17, 12345 Musterstadt, unseren letzten Willen.

Selbstverständlich können Sie lange Sätze im Testament auch in mehrere Absätze einteilen, um den Text aufzulockern. Wichtig sind letztlich nur die Inhalte, nicht die Art der Darstellung.

Baustein 3: Benennung der Erben

Nun benennen Sie Ihre Erben. Wichtig ist in diesem Zusammenhang, dass Sie sich bereits mit der gesetzlichen Erbfolge und Pflichtteilen auseinandergesetzt haben, damit das Erbe auch wirklich so verteilt werden kann, wie Sie es in Ihrem Testament aufschreiben.

Sie können Ihr Erbe zu gleichen Teilen oder auch zu ungleichen Teilen an die Erben verteilen. Aber auch hier ist Behutsamkeit angebracht: Denn wenn Sie das Erbe z. B. zu ungleichen Teilen an Ihre Kinder aufteilen, könnte dies nach Ihrem Ableben für Neid und böses Blut unter Ihren Kindern sorgen. Wenn Sie eine ungleiche Verteilung in Erwägung ziehen, sollten Sie diese auf alle Fälle begründen, etwa, dass einem Kind mehr zukommen soll, weil es Sie jahrelang gepflegt hat.

Die Nennung der Erben muss so erfolgen, dass diese eindeutig identifiziert werden können. Würden Sie nur den Namen Petra Müller nennen, reicht das nicht, denn es gibt viele Personen mit diesem Namen. Schreiben Sie deshalb auch Geburtsname, Geburtsdatum und möglichst die genaue Wohnadresse dazu. Außerdem machen Sie bei jedem Erben eine Angabe, welchen Anteil die Person erhalten soll. Mit Person sind hierbei nicht nur natürliche Personen gemeint, sondern Sie können auch juristischen Personen etwas vererben, etwa einer wohltätigen Organisation.

Der folgende Baustein kann lediglich als Beispiel dienen, denn natürlich möchten Sie Ihr Erbe individuell verteilen.

Als meine Erben setze ich ein:

1. *meine Lebensgefährtin Anna Beispiel, geboren am 17.8.1969 in Mannheim, zurzeit wohnhaft im Tannenweg 17, 54321 Beispielhausen. Ihr Anteil an meinem Erbe beträgt 50 Prozent.*

2. *meinen Neffen Bert Mustermann, geboren am 17.10.1985 in Bad Oeynhausen, zurzeit wohnhaft in der Hauptstraße 124, 55555 Exempel. Sein Anteil an meinem Erbe beträgt 30 Prozent.*

3. *meinen guten Freund Ulf Vorbild, geboren am 16.8.1964 in Bad Oeynhausen, zurzeit wohnhaft im Rautenweg 13, 33333 Musterlingen. Sein Anteil an meinem Erbe beträgt 10 Prozent.*

4. *das Tierheim Zur Fellnase in der Waldstr. 12, 12345 Musterstadt. Sein Anteil an meinem Erbe beträgt 10 Prozent.*

4.3 Bausteine für Ihr eigenhändiges Testament

Nun wäre es möglich, dass ein im Testament eingesetzter Erbe vor dem Erblasser stirbt, etwa Ulf Vorbild. In diesem Fall würde sein Erbteil unter den anderen Erben aufgeteilt werden. Sie können stattdessen aber auch einen Ersatzerben bestimmen, also eine Person, die nach Ulfs Tod an seiner Stelle erbt. Die entsprechende Passage würden Sie dann so anpassen:

> 3. meinen guten Freund Ulf Vorbild, geboren am 16.8.1964 in Bad Oeynhausen, zurzeit wohnhaft im Rautenweg 13, 33333 Musterlingen. Sein Anteil an meinem Erbe beträgt 10 Prozent. Als Ersatzerben setze ich Regine Vorbild ein, geboren am 28. September 1990 in Bad Oeynhausen, zurzeit wohnhaft im Rautenweg 13, 33333 Musterlingen.

Möchten Sie, wie in Abschnitt 4.4 noch erläutert werden wird, von einer Vor- und Nacherbschaft Gebrauch machen, würden Sie den Erben-Baustein beginnen mit:

> Als meinen Vorerben setze ich ein:

Nach der Bestimmung des oder der Vorerben würden Sie dann den oder die Nacherben bestimmen:

> Nacherben sollen sein:

In einem solchen Fall würden Sie auch einen Nacherbentestamentsvollstrecker bestimmen und dafür eine weitere Passage einfügen. Der Aufwand bei einer Vor- und Nacherbschaft ist allerdings so hoch, dies sei bereits an dieser Stelle gesagt, dass sie nicht die erste Wahl sein sollte. Ein entsprechender Baustein zur Bestimmung des Nacherbentestamentsvollstreckers könnte lauten:

> Zur Sicherung der Rechte der Nacherben ordne ich die Nacherbentestamentsvollstreckung an. Zum Nacherbentestamentsvollstrecker bestimme ich Herrn Dr. Hans von Muster, Hermannshöhe 21, 12345 Musterstadt. Der Nacherbentestamentsvollstrecker soll während der gesamten Dauer der Vorerbschaft die Rechte und Pflichten der Nacherben wahrnehmen. Beendet wird die Nacherbentestamentsvollstreckung mit dem Eintritt des Nacherbfalls.

Nun werden Sie feststellen, dass ein Testament bei bestimmten Themen auch recht kompliziert werden kann, z. B. dann, wenn es um eine Vor- und Nacherbschaft und einen Nacherbentestamentsvollstrecker geht. Bei solchen komplexeren Themen, vor allem auch dann, wenn es um das Vererben eines Unternehmens geht, ist es in den meisten Fällen besser, einen Notar hinzuzuziehen. Ein einfaches Testament können Sie hingegen getrost selbst verfassen.

Baustein 4: Benennung möglicher Vermächtnisempfänger

Wie bereits besprochen, können Sie zusätzlich zu den Erben auch einen oder mehrere Vermächtnisempfänger im Testament benennen, um diesen beispielsweise persönliche Gegenstände oder auch eine bestimmte Geldsumme zu hinterlassen, ohne sie als Erben einzusetzen. Sie erinnern sich: Ein Vermächtnisempfänger ist kein Erbe, sondern er erhält das Vermächtnis aus dem Erbe. Auch hierzu ein passender Baustein:

Ich vermache meiner guten Freundin Maria Esempio, geboren am 16. April 1966, zurzeit wohnhaft in der Via Roma, 22222 Modello, Italien, meine Gemäldesammlung.

Meinem Freund Rainer Muster, geboren am 6. Juni 1964, zurzeit wohnhaft in der Goethestr. 28, 12345 Musterstadt, vermache ich einen Betrag in Höhe von 1.000 Euro.

Aber vielleicht möchte Maria Esempio die Gemäldesammlung ja auch gar nicht haben? Ein Vermächtnis ist für den Vermächtnisempfänger nicht verpflichtend. Er muss es nicht einmal wie ein Erbe explizit ausschlagen, sondern einfach auf die Annahme des Vermächtnisses verzichten.

Baustein 5: Ort und Datum der Testamentserstellung

Ein zwingend notwendiger Baustein Ihres Testaments sind Ort und Datum der Testamentserstellung:

Musterstadt, den 2.7.2025

Baustein 6: Unterschrift

Schließlich folgt ein weiterer wesentlicher Baustein, durch den das Testament erst seine Rechtskraft erlangt, nämlich Ihre Unterschrift.

Jan Mustermann

Sie sehen also: Mit wenigen Bausteinen lässt sich ein rechtskräftiges Testament erstellen.

Selbstverständlich könnten Sie auch noch bestimmte Auflagen oder Bedingungen einbauen, einen gesetzlichen Erben enterben oder Ähnliches. Aber für solche Fälle sollten Sie sich dann noch etwas gründlicher einlesen oder sich an einen Notar wenden, um ganz sicher zu sein. Für die meisten Fälle wird eine einfache Form des Testaments jedoch ausreichen.

4.3 Bausteine für Ihr eigenhändiges Testament

Muster für Einzeltestament

Lassen Sie uns nun aus einigen der Bausteine ein vollständiges Testament zusammensetzen, in dem Sie Ihr Vermögen an mehrere Erben verteilen sowie zwei Personen etwas vermachen. Wenn Sie nicht allzu groß schreiben, würde dieses Testament leicht auf eine DIN-A4-Seite passen.

Mein letzter Wille

Hiermit erkläre ich, Jan Mustermann, geboren am 19.4.1963 in Bad Oeynhausen, zurzeit wohnhaft im Holunderweg 17, 12345 Musterstadt, meinen letzten Willen.

Als meine Erben setze ich ein:

1. meine Lebensgefährtin Anna Beispiel, geboren am 17.8.1969 in Mannheim, zurzeit wohnhaft im Tannenweg 17, 54321 Beispielhausen. Ihr Anteil an meinem Erbe beträgt 50 Prozent.
2. meinen Neffen Bert Mustermann, geboren am 17.10.1985 in Bad Oeynhausen, zurzeit wohnhaft in der Hauptstraße 124, 55555 Exempel. Sein Anteil an meinem Erbe beträgt 30 Prozent.
3. meinen guten Freund Ulf Vorbild, geboren am 16.8.1964 in Bad Oeynhausen, zurzeit wohnhaft im Rautenweg 13, 33333 Musterlingen. Sein Anteil an meinem Erbe beträgt 10 Prozent.
4. das Tierheim Zur Fellnase in der Waldstr. 12, 12345 Musterstadt. Sein Anteil an meinem Erbe beträgt 10 Prozent.

Ich vermache meiner guten Freundin Maria Esempio, geboren am 16. April 1966, zurzeit wohnhaft in der Via Roma, 22222 Modello, Italien, meine Gemäldesammlung.

Meinem Freund Rainer Muster, geboren am 6. Juni 1964, zurzeit wohnhaft in der Goethestr. 28, 12345 Musterstadt, vermache ich einen Betrag in Höhe von 1.000 Euro.

Musterstadt, den 2. Juli 2025
Jan Mustermann

4.4 Das gemeinschaftliche Testament

Neben dem Einzeltestament gibt es als weitere Variante das gemeinschaftliche Testament. Ein solches gemeinschaftliches Testament ist ausschließlich für Ehepaare sowie eingetragene Lebenspartner vorgesehen, kann also z. B. nicht von Partnern erstellt werden, die weder verheiratet noch eingetragen sind, aber auch nicht von Vater und Sohn, Geschwisterpaaren usw.

Das gemeinschaftliche Testament wird häufig dazu genutzt, um sich gegenseitig als Alleinerben einzusetzen, aber das ist nicht die einzige Möglichkeit, die gemeinschaftliche Testamente bieten. Dies sind die Optionen:

- **Wechselbezügliches Testament:** Bei dieser Form des gemeinschaftlichen Testaments wird ein gemeinsames Testament erstellt und gemeinsam unterschrieben. Der Wechselbezug bezieht sich auf Verfügungen der Partner, die von den Verfügungen des jeweils anderen Partners abhängig gemacht werden. Setzen sich die beiden Partner gegenseitig als Alleinerben ein, handelt es sich also um ein wechselbezügliches Testament.

- **Gegenseitiges Testament:** Bei gegenseitigen Testamenten erstellen die beiden Partner jeweils eigene Testamente, in denen sie sich aber gegenseitig begünstigen. Da auch in diesem Fall die Inhalte der Testamente aufeinander Bezug nehmen, werden auch gegenseitige Testamente als gemeinschaftliches Testament gewertet.

- **Gleichzeitiges gemeinschaftliches Testament:** Bei dieser selteneren Form des Testaments erstellen die beiden Partner zum gleichen Zeitpunkt jeweils eigene Testamente, berücksichtigen sich darin jedoch nicht gegenseitig und stimmen die Inhalte auch nicht aufeinander ab.

Gemeinschaftliche Testamente sind in der Regel nur gültig, solange die Ehe bzw. eingetragene Partnerschaft besteht. Besteht eine Ehe schon vor dem Tod eines der Partner nicht mehr, wird das gemeinschaftliche Testament dadurch ungültig.

Eine Ausnahme besteht darin, dass das gemeinschaftliche Testament ausdrücklich auch die aufgelöste Ehe einbezieht. Man spricht in diesem Zusammenhang vom Aufrechterhaltungswillen, der im gemeinschaftlichen Testament erkennbar sein soll.

In einem gemeinschaftlichen Testament können sich Ehegatten oder eingetragene Lebenspartner wechselseitig bedenken.

4.4 Das gemeinschaftliche Testament

Wie unterscheiden sich Einzeltestament und gemeinschaftliches Testament?

Während Sie das Einzeltestament selbst erstellen, und zwar völlig unabhängig von anderen Personen, gibt es beim gemeinschaftlichen Testament einen inhaltlichen oder zeitlichen Bezug zwischen den letztwilligen Verfügungen der Ehepartner bzw. eingetragenen Lebenspartner. Das gemeinschaftliche Testament kann entweder ein einzelnes, von beiden Partnern verfasstes Dokument sein, es können aber auch die Testamente beider Partner zu einem gemeinschaftlichen Testament zusammengefasst werden.

Kann ein gemeinschaftliches Testament einseitig aufgehoben werden?

Beim Widerruf eines gemeinschaftlichen Testaments kommt es darauf an, ob Wechselbezüge der Ehepartner bzw. eingetragenen Lebenspartner enthalten sind. Ohne solche wechselbezüglichen Verfügungen kann ein gemeinschaftliches Testament einseitig widerrufen werden, d. h. ohne Zustimmung des Partners. Besteht hingegen ein Wechselbezug, ist eine von einem Notar beurkundete Erklärung für den Widerruf erforderlich, und zwar unabhängig davon, ob es sich um ein eigenhändiges Testament oder ein notarielles Testament handelt. Wichtig zu wissen ist außerdem, dass ein gemeinschaftliches wechselbezügliches Testament nur widerrufen werden kann, solange beide Partner noch leben.

Was versteht man unter einem Berliner Testament?

Eine besonders gängige Form des gemeinschaftlichen Testaments ist das Berliner Testament. In einem solchen Testament setzen sich die beiden Ehepartner bzw. eingetragenen Lebenspartner gegenseitig als Alleinerben ein. Gleichzeitig werden Schlusserben bestimmt, die erst dann erben, wenn auch der zweite Ehepartner stirbt. Gesetzlichen Erben steht nun aber trotz dieser Verfügungen ein Pflichtteil zu, der die Hälfte des gesetzlichen Erbteils umfasst. Hier könnte eine sogenannte Pflichtteilsstrafklausel Wirkung zeigen, wonach der gesetzliche Erbe nur dann den vollen Erbteil als Schlusserbe erhält, wenn er auf den Pflichtteil zu Lebzeiten des zweiten Ehepartners verzichtet.

Was hat es mit Vorerben und Nacherben auf sich?

Auch unabhängig davon, ob Sie Ehepartner bzw. eingetragene Lebenspartner sind oder nicht, können Sie in Ihrem Testament festlegen, dass nach Ihrem Tod zunächst eine bestimmte Person Ihr Vermögen erbt. Nach einem festgelegten Zeitraum oder – falls kein Zeitraum bestimmt wird – nach dem Tod dieser Person geht das Erbe auf eine andere von Ihnen bestimmte Person über. Die erste Person, die erbt, wird als »Vorerbe« bezeichnet, die zweite Person als »Nacherbe«.

Werden Sie als Vorerbe bedacht, kann dies gewisse Einschränkungen mit sich bringen. Wenn z. B. ein Haus zunächst an den Vorerben vererbt wird, dieses dann aber später auf den Nacherben übergehen soll, darf der Vorerbe das Haus nicht verkaufen, verschenken oder belasten. Der Vorerbe ist zudem verpflichtet, das Haus ordnungsgemäß zu verwalten und zu erhalten. Erst der Nacherbe darf das Haus dann veräußern.

Es gibt zwar verschiedene Möglichkeiten, den Vorerben testamentarisch von einigen seiner Pflichten zu befreien, allerdings bringt das Einsetzen von Vorerben und Nacherben so viel Aufwand mit sich (auch im Hinblick auf die Erbschaftssteuer), dass es nicht die erste Wahl sein sollte. Für Ehegatten empfiehlt sich in der Regel das zuvor kennengelernte Berliner Testament.

Sinnvoll könnte eine Vorerbschaft aber in einem sogenannten Behindertentestament sein. Wird ein Vermögen an eine behinderte Person vererbt, die überwiegend oder ausschließlich von Sozialleistungen lebt, würde das geerbte Vermögen von diesen Kosten aufgefressen werden, während die staatlichen Leistungen wegfallen. Wenn eine behinderte Person hingegen als Vorerbe eingesetzt wird, bleibt das Vermögen für den Nacherben erhalten.

Muster für gemeinschaftliches Testament

Sie haben bereits ein Muster für ein Einzeltestament gesehen. Das gemeinschaftliche Testament fällt häufig etwas länger aus, lässt sich aber in einfacher gelagerten Fällen ebenfalls ohne Notar errichten.

Hier sehen Sie das Beispiel für ein Berliner Testament, in dem sich die Eheleute gegenseitig als Alleinerben einsetzen.

4.4 Das gemeinschaftliche Testament

Unser letzter Wille

Hiermit erklären wir, die Eheleute

Jan Mustermann, geboren am 19.4.1963 in Bad Oeynhausen, zurzeit wohnhaft im Holunderweg 17, 12345 Musterstadt, und

Birgit Mustermann, geboren am 19.3.1967 in Landshut als Birgit Fritzenschaft, zurzeit ebenfalls wohnhaft im Holunderweg 17, 12345 Musterstadt,

unseren letzten Willen.

Wir haben am 7.7.1987 in der Pfarrkirche Sankt Jakob in 12345 Musterstadt unsere Ehe geschlossen und leben in einer Zugewinngemeinschaft.

Hiermit setzen wir uns gegenseitig als unseren Alleinerben ein.

Als Schlusserben des Letztverstorbenen setzen wir ein:

1. Bert Mustermann, geboren am 17.10.1985 in Bad Oeynhausen, zurzeit wohnhaft in der Hauptstraße 124, 55555 Exempel. Sein Anteil am Erbe beträgt 60 Prozent.
2. das Tierheim Zur Fellnase in der Waldstr. 12, 12345 Musterstadt. Sein Anteil am Erbe beträgt 40 Prozent.

Sofern ein Erbe seinen Pflichtteil aus dem Nachlass des zuerst verstorbenen Ehepartners verlangt, erhält er aus dem Nachlass des Längerlebenden ebenfalls nur den Pflichtteil.

Wir vermachen unserer guten Freundin Maria Esempio, geboren am 16. April 1966, zurzeit wohnhaft in der Via Roma, 22222 Modello, Italien, unsere Gemäldesammlung. Die Vermächtnisansprüche gegen den Erben werden erst nach dem Tod des Längerlebenden fällig.

Musterstadt, den 2. Juli 2025
Jan Mustermann

Musterstadt, den 2. Juli 2025
Birgit Mustermann

4.5 Weitere Testamentsarten im Überblick

In Abschnitt 4.4 war kurz von einem Behindertentestament die Rede. Dies ist eine besondere Form des Testaments genauso wie das Bedürftigentestament sowie das Nottestament. Lassen Sie uns diese Sonderformen eines Testaments etwas näher beleuchten.

Was versteht man unter einem Nottestament?

Es ist auf alle Fälle empfehlenswert, sich über Ihr Testament bereits Gedanken zu machen, wenn Sie noch gesund und fit sind. Sollte Ihnen jedoch buchstäblich erst in letzter Minute in den Sinn kommen, ein Testament zu erstellen, haben Sie aber auch hierzu die Möglichkeit. Im deutschen Recht sind drei Arten für ein solches Nottestament vorgesehen.

Zum einen können Sie ein Nottestament gemäß § 2249 BGB vor dem Bürgermeister der Gemeinde errichten, in der Sie sich gerade aufhalten, wobei zwei Zeugen hinzugezogen werden sollen. Sind weder Notar noch Bürgermeister verfügbar, etwa in der Wildnis, kann das Nottestament laut § 2250 BGB auch in mündlicher Form vor drei Zeugen errichtet werden. Auch auf See ist ein mündliches Testament vor drei Zeugen möglich, wie § 2251 BGB regelt. Der Paragraf bezieht sich allerdings nur auf eine Seereise auf einem deutschen Schiff, das sich außerhalb eines inländischen Hafens befindet. Grundsätzlich sind Nottestamente maximal drei Monate gültig.

Im Notfall kann ein Testament sogar auf hoher See vor drei Zeugen mündlich errichtet werden.

4.5 Weitere Testamentsarten im Überblick

Was bedeutet ein Behindertentestament?

Eltern, die ein behindertes Kind haben, möchten dieses auch nach ihrem Tod gut versorgt wissen. In einem sogenannten Behindertentestament lassen sich entsprechende Vorkehrungen treffen. Wie bereits in Abschnitt 4.4 dargestellt wurde, lassen sich Vor- und Nacherberegelungen dazu verwenden, das an ein behindertes Kind vererbte Vermögen vor dem Zugriff des Sozialhilfeträgers zu schützen. Durch das Einsetzen eines Testamentsvollstreckers wird sichergestellt, dass das Erbe des behinderten Kindes gut verwaltet wird. Die Vorgehensweise der Vor- und Nacherbschaft, um den Zugriff auf das vom Behinderten geerbte Vermögen durch den Sozialhilfeträger zu verhindern, war rechtlich lange zweifelhaft, wurde aber 1993 vom Bundesgerichtshof in einem Grundsatzurteil als rechtmäßig bestätigt.

Wann wird ein Bedürftigentestament empfohlen?

Einen ähnlichen Zweck wie das Behindertentestament verfolgt das Bedürftigentestament. Lebt eine Person von Sozialleistungen oder befindet sich in einer Privatinsolvenz, soll das geerbte Vermögen vor dem Zugriff durch Sozialhilfeträger oder Gläubiger geschützt werden. Auch in diesem Fall werden Vorerbe und Nacherbe sowie ein Testamentsvollstrecker eingesetzt. Die bedürftige Person erhält dann aber nur Naturalleistungen, die nicht auf Sozialleistungen angerechnet werden müssen. Im Gegensatz zum Behindertentestament wurde die Vorgehensweise beim Bedürftigentestament noch nicht grundsätzlich bestätigt, aber sie wurde bereits von mehreren Gerichten anerkannt.

5

Das notarielle Testament

Ein Notar ist ein Jurist, der für Beurkundungen und Beglaubigungen zuständig ist. Im Gegensatz zu einem Rechtsanwalt muss er vollkommen neutral sein. Wenn Sie von einem Notar Hinweise oder Ratschläge erhalten, können Sie also sichergehen, dass diese nicht eine bestimmte Seite bevorteilen. Wenn Sie ein größeres Vermögen zu vererben haben, Erbstreitigkeiten befürchten oder statt eines Testaments einen Erbvertrag bevorzugen, ist ein Notar der richtige Ansprechpartner.

Sie können einen Notar dabei frei wählen, die Kosten sind bundeseinheitlich geregelt und überall gleich.

Unter www.notar.de/notarsuche/notarsuche wird Ihnen von der Bundesnotarkammer eine Notarsuche angeboten. Sie werden sicher an Ihrem Wohnort bzw. im nächsten größeren Ort fündig.

In diesem Kapitel soll es darum gehen, wann der Gang zum Notar anzuraten oder sogar zwingend erforderlich ist. Auch das Erben von Immobilien oder Unternehmen wurde in dieses Kapitel aufgenommen, da es hierbei häufig zu Problemen kommen kann, die sich mit einem notariellen Testament zumindest abmildern lassen.

5.1 Notarielles Testament versus Erbvertrag

Sie haben sich mit der gesetzlichen Erbfolge vertraut gemacht und dabei geklärt, ob das Errichten eines Testaments sinnvoll oder sogar notwendig wäre. Das Testament geht, wie Sie erfahren haben, der gesetzlichen Erbfolge vor, allerdings sind Pflichtteile für die gesetzlichen Erben zu berücksichtigen. Sind Sie zu dem Schluss gekommen, dass Sie ein Testament verfassen möchten, ist nun eine zweite Überlegung erforderlich: Reicht es aus, das Testament eigenhändig selbst zu erstellen, oder möchten Sie das lieber gemeinsam mit einem Notar machen?

Das notarielle Testament ist zwingend erforderlich, falls Sie erst 16 oder 17 Jahre alt sind, falls Sie erblindet sind oder weder lesen noch schreiben können.

Auch für einige weitere Fälle ist das notarielle Testament quasi ein Muss, besonders wenn Sie ein großes Vermögen zu vererben haben.

Was ist ein Erbvertrag?

Eine weitere Frage, die sich Ihnen stellen könnte, ist, ob tatsächlich ein Testament die beste Variante ist oder aber ein Erbvertrag? Der Erbvertrag muss zwingend beim Notar erstellt werden, und es müssen bei dem Termin beide Parteien anwesend sein, also Sie selbst sowie die Person, der Sie Ihr Erbe zukommen lassen möchten. Und ein Erbvertrag kann auch nicht einseitig geändert werden. Jedoch können Sie zu Ihren Lebzeiten weiter frei über Ihr Vermögen verfügen. Lediglich Schenkungen, die den vertraglich eingesetzten Erben schädigen sollten, können von diesem später wieder herausverlangt werden. In einem Erbvertrag lassen sich auch bestimmte Rechte und Pflichten thematisieren sowie Konsequenzen, falls eine im Erbvertrag festgehaltene Pflicht nicht erfüllt wird. Der Erbvertrag kann also eine noch weiter reichende Alternative zum gemeinschaftlichen Testament zwischen Ehepartnern bzw. eingetragenen Lebenspartnern sein. Er kann aber auch zwischen anderen Personen geschlossen werden. Denkbar wären z. B. erbrechtliche Regelungen, wenn eine Mutter ihren Handwerksbetrieb an ihren Sohn vererben möchte. Lassen Sie sich von einem Notar zu Ihren individuellen Gegebenheiten beraten.

Wie ist der Ablauf bei einem notariellen Testament?

Wenn Sie ein notarielles Testament errichten möchten, vereinbaren Sie einen Termin beim Notar Ihrer Wahl. Bei diesem Termin können Sie sich ausführlich beraten lassen und dann gleich das notarielle Testament erstellen. Die Kosten hierfür richten sich nach Ihrem Vermögen zum Zeitpunkt der Errichtung des Testaments. Alternativ können Sie sich auch nur für das ausführliche Beratungsgespräch entscheiden und dann z. B. ein eigenhändiges Testament erstellen. Auch für dieses Beratungsgespräch würden Sie bezahlen, wobei sich die Kosten ebenfalls nach Ihrem Vermögen richten. Vor dem Notartermin erstellen Sie eine genaue Übersicht über Ihre Erben und Personen, denen Sie etwas vermachen möchten. Machen Sie sich außerdem Gedanken, welche gesetzlichen Erben vorhanden sind. Sie können zudem ein Testament vorformulieren, um dem Notar Ihre Vorstellungen mitzuteilen. Auch eine Vermögensübersicht gehört selbstverständlich dazu. Der Notar wird Ihnen sicher mitteilen, was alles zum Termin mitzubringen ist. Auf alle Fälle gehören dazu auch Ihr gültiger Personalausweis oder Reisepass sowie eventuell eine Kopie Ihrer Geburtsurkunde bzw. die entsprechenden Daten. Das notarielle Testament ist ein sogenanntes öffentliches Testament, da es amtlich und nicht bei Ihnen zu Hause verwahrt wird. Trotz des Wortes »öffentlich« müssen Sie sich aber natürlich keine Sorgen machen, dass jeder Ihren letzten Willen einsehen kann.

Welche Kosten fallen für den Notar an?

Nun zu den Kosten für ein notarielles Testament, wobei sich die Zahlen nach Redaktionsschluss natürlich verändern können. Zunächst einmal fällt eine Gebühr für die Registrierung im Zentralen Testamentsregister an, die sich auf 90–105 Euro beläuft, je nachdem, ob es sich um ein Einzeltestament oder um ein gemeinschaftliches Testament bzw. einen Erbvertrag handelt. Auch bei den Kosten für die Errichtung des notariellen Testaments wird zwischen Einzeltestament und gemeinschaftlichem Testament bzw. Erbvertrag unterschieden. Im letzteren Fall nehmen Sie die anfallenden Gebühren mal zwei. Kostet also die Errichtung des notariellen Einzeltestaments z. B. 535 Euro, schlägt das gemeinschaftliche Testament oder der Erbvertrag mit 1.070 Euro zu Buche (2 x 535 Euro). Die Tabelle gibt Ihnen einen Überblick, um verschiedene Werte abzuschätzen.

Wert des Nachlasses	Kosten für Einzeltestament	Kosten für gemeinschaftliches Testament bzw. Erbvertrag
10.000 Euro	75 Euro	150 Euro
50.000 Euro	165 Euro	330 Euro
100.000 Euro	275 Euro	550 Euro
250.000 Euro	535 Euro	1.070 Euro
500.000 Euro	935 Euro	1.870 Euro
1.000.000 Euro	1.735 Euro	3.470 Euro
2.500.000 Euro	4.135 Euro	8.270 Euro
5.000.000 Euro	8.135 Euro	16.270 Euro

Wird im Testament eine Testamentsvollstreckung angeordnet, werden zusätzliche Kosten für ein Testamentsvollstreckungszeugnis fällig, die aber erst vom Nachlass abgehen. Die Kosten sind die gleichen wie für das Errichten eines Einzeltestaments.

5.2 Eine Immobilie erben und vererben

Wenn Sie eine oder mehrere Immobilien vererben, ist ein notarielles Testament in vielen Fällen die bessere Wahl gegenüber dem eigenhändigen Testament. Ein Notar kann Sie in diesem Zusammenhang perfekt beraten, da er in seinem Berufsalltag ständig mit Immobiliengeschäften zu tun hat. Verpflichtend ist das notarielle Testament aber auch beim Vererben von Immobilien nicht.

Wie Sie schon im Zusammenhang mit der Erbschaftssteuer erfahren haben, ist es zunächst einmal wichtig, zwischen einer Immobilie zu unterscheiden, die weiter von einem Ehegatten oder den eigenen Kindern bewohnt wird, und anderen Immobilien, die nicht diesem Zweck dienen. Vielleicht nennen Sie neben der selbst bewohnten Immobilie ja weitere Immobilien Ihr Eigen, die Sie vermieten. Auf diese Immobilien fällt dann Erbschaftssteuer in der mit den Informationen in Kapitel 3.4 zu berechnenden Höhe an.

Bei vermieteten Immobilien sind nur 90 % des Wertes erbschaftssteuerpflichtig, 10 % sind hingegen steuerfrei (vgl. § 13d ErbStG). Aber das ist nicht der einzige Vorteil beim Erben einer vermieteten Immobilie. Wird eine vermietete Immobilie in Deutschland und EU-weit geerbt, ist es so, dass die Erbschaftssteuer auf Antrag beim Finanzamt zehn Jahre lang zinslos aufgeschoben werden kann, falls man ansonsten die vermietete Immobilie verkaufen müsste, um die Steuer zu bezahlen.

Die Stundung der Steuerzahlung ist auch bei der Schenkung von vermieteten Immobilien zu Lebzeiten möglich, allerdings in diesem Fall nicht zinslos, sondern mit einer Verzinsung von 6 % pro Jahr – da kämen Sie mit einem Baudarlehen wahrscheinlich besser weg.

Für die Bewertung der Immobilie kommen, wie ebenfalls bereits im Zusammenhang mit der Erbschaftssteuerthematik erwähnt, drei Verfahren infrage, um den Verkehrswert von Immobilien zu ermitteln, nämlich das Vergleichswertverfahren, das Ertragswertverfahren sowie das Sachwertverfahren.

- Beim **Vergleichswertverfahren** werden die Preise vergleichbarer Immobilien zur Wertfindung herangezogen.
- Beim **Ertragswertverfahren** dienen ortsübliche Mieten als Grundlage für die Wertfindung.
- Beim **Sachwertverfahren** wird der Wert individuell ermittelt, indem Herstellungskosten, Bodenrichtwert und Co. berechnet werden. Bei unbebauten Grundstücken wird für die Bewertung von den Bodenrichtwerten am jeweiligen Standort ausgegangen.

Sie können zunächst die Bewertung durch das Finanzamt abwarten. Wenn diese Sie nicht überzeugt, legen Sie Widerspruch ein und beauftragen einen professionellen Immobiliengutachter mit einer realistischen Werteinschätzung.

Ich habe eine Immobilie allein geerbt – was mache ich nun damit?

Es klingt erst mal klasse, eine Immobilie zu erben. Wie lange die Freude anhält, hängt aber auch vom Verwandtschaftsverhältnis zum Erblasser ab, aus dem sich die Höhe Ihres Freibetrags ergibt. Spätestens dann, wenn Sie vom Finanzamt den Erbschaftssteuerbescheid erhalten, könnte Ihnen die Immobilie – zumindest zeitweise – auch einiges Kopfzerbrechen bereiten. Denn der Immobilienwert, der über den Freibetrag hinausgeht, muss versteuert werden. Jedoch ist die Immobilie kein liquides Kapital, und das Finanzamt verlangt einen Geldbetrag von Ihnen.

Als Kind des Erblassers könnten Sie innerhalb von sechs Monaten selbst in die Immobilie einziehen. Für die selbst genutzte Immobilie würde dann keine Erbschaftssteuer anfallen. Allerdings ist diese Möglichkeit auf Immobilien mit maximal 200 Quadratmetern Wohnfläche begrenzt. Und Sie müssten, um die Steuerfreiheit zu bewahren, mindestens zehn Jahre selbst in der Immobilie wohnen. Das könnte Ihre Mobilität und persönliche Freiheit also deutlich einschränken.

Wenn Sie nicht das Kind des Erblassers sind oder als Kind weitere Immobilien erben, könnte sich deren Vermietung anbieten – falls sie nicht sowieso schon vermietet sind. Zum Begleichen der Erbschaftssteuer könnten Sie dann ein Darlehen aufnehmen oder die Erbschaftssteuer, wie oben dargestellt, bei einer Immobilie mit einem bereits bestehenden Mietverhältnis aufschieben lassen. Aber natürlich: Auch Schulden schränken Ihre persönliche Freiheit ein Stück weit ein.

Es bleibt als dritte Möglichkeit der Verkauf der geerbten Immobilie. Vom Verkaufserlös können Sie die Erbschaftssteuer begleichen. Mit dem verbleibenden Betrag können Sie dann alles machen, was Sie wollen. Falls Sie nicht sowieso immer schon Immobilieneigentümer sein wollten, ist diese Variante sicher nicht die schlechteste. Allerdings hängt es auch vom jeweiligen Markt ab, ob eine Immobilie einen guten Preis erzielen kann oder nicht.

Geerbte Immobilien können selbst bewohnt, vermietet oder verkauft werden, wobei sich unterschiedliche Steuervor- oder -nachteile ergeben können.

5.2 Eine Immobilie erben und vererben

Muss ich bei einem Immobilienverkauf den Gewinn versteuern?

Wird eine Immobilie privat gekauft und nach zehn Jahren verkauft, ist der mögliche Gewinn steuerfrei. Ansonsten fällt die sogenannte Spekulationssteuer auf den Gewinn an, die dem Steuersatz Ihrer Einkommensteuer entspricht. Diese Zehn-Jahres-Frist erben Sie mit. Das bedeutet, dass Sie eine Immobilie, die zehn Jahre oder länger Eigentum des Erblassers war, steuerfrei verkaufen können. Ansonsten müssten Sie mit dem Verkauf noch warten oder eben das Bezahlen der Steuer in Kauf nehmen. Bewohnen Sie eine Immobilie selbst, ist der Verkauf der Immobilie übrigens schon nach zwei Jahren steuerfrei.

Muss ich einen bestehenden Mietvertrag übernehmen?

Auch Mietverträge werden mitgeerbt. Die Mieter des Erblassers werden also zu den Mietern des Erben und müssen an diesen den im Mietvertrag vereinbarten Mietzins entrichten. Auch für die sichere Aufbewahrung der Kaution ist nun der Erbe zuständig. Umgekehrt kann auch der Mietvertrag eines verstorbenen Mieters mitgeerbt werden. Als Erbe hätten Sie dann ein Sonderkündigungsrecht, um den Mietvertrag innerhalb von drei Monaten aufzulösen.

Was ist, wenn sich die Immobilie im Ausland befindet?

Ein Ferienhaus in der Toskana, ein Ferienappartement auf Mallorca – das klingt zunächst prima! Allerdings sind darauf Steuern fällig, eine jährliche Einkommensteuererklärung im Ausland muss gemacht werden, und natürlich will auch eine Ferienimmobilie instandgehalten werden. Falls Sie eine Immobilie im Ausland erben, sollten Sie sich also gut überlegen, ob Sie diese behalten möchten.

Hinzukommen können weitere Probleme, etwa wenn eine Ferienimmobilie »illegal« gebaut wurde und nicht offiziell veräußert werden kann. Hierzu müsste die Immobilie dann erst legalisiert werden, was mit hohem Aufwand und weiteren Kosten verbunden wäre. Bevor Sie eine Auslandsimmobilie als Erbe annehmen, schauen Sie sich also nicht nur die Immobilie selbst, sondern auch die diesbezüglichen Unterlagen und Kosten genau an.

Was das Erbe allgemein betrifft, spielt es auch eine Rolle, wo der Erblasser seinen gewöhnlichen Aufenthalt, also seinen Lebensmittelpunkt, hatte. Ist es tatsächlich nur eine Ferienimmobilie oder hat der Erblasser zuletzt im Ausland gewohnt? In letzterem Fall würde für ihn nicht das deutsche Erbrecht gelten, sondern das Erbrecht des jeweiligen Landes. Unterschiede könnte es z. B. bei der gesetzlichen Erbfolge und Pflichtteilsrechten geben.

Wie ist die Vorgehensweise bei einer Erbengemeinschaft?

Erben mehrere Personen, wird das Vermögen des Erblassers gemäß dem Testament oder der gesetzlichen Erbfolge aufgeteilt. Problematisch ist das aber bei Immobilien, die sich ja nicht direkt teilen lassen. Die Erben müssen sich deshalb einigen, was mit der Immobilie bzw. den Immobilien geschehen soll. Zunächst einmal lässt sich die Erbengemeinschaft aber im Grundbuch eintragen, was innerhalb von zwei Jahren nach dem Erbfall kostenfrei ist.

Was die geerbten Immobilien betrifft, sind mehrere Szenarien denkbar. Einige Erben könnten die Immobilien verkaufen wollen, weil sie das Geld brauchen. Andere Erben würden die Immobilien gern vermieten oder sogar selbst einziehen. Letztere Erben könnten dazu die ersteren auszahlen.

Wenn es zu keiner Einigung in der Erbengemeinschaft kommt, kann ein Erbe eine sogenannte Teilungsversteigerung beantragen. Hierfür ist kein Einverständnis der anderen Erben erforderlich. Allerdings wäre eine Teilungsversteigerung für alle Erben von Nachteil, da diese in der Regel mit erheblichen finanziellen Einbußen einhergeht. Besser ist es also, sich gemeinsam an einen Tisch zu setzen und sich zu einigen.

5.3 Unternehmen erben und vererben

Besonders dann, wenn ein Unternehmen vererbt werden soll, ist ein notarielles Testament unbedingt zu empfehlen. Denn in diesem Fall geht es ja nicht nur um die Erben, sondern gegebenenfalls auch um Mitarbeiter und die Fortführung des Unternehmens insgesamt. Regeln Sie also im Testament alles, was Sie im Zusammenhang mit Ihrem Unternehmen umtreibt, insbesondere die Unternehmensnachfolge.

Es wurde bereits erwähnt, dass eine Erbschaftssteuerreform nicht ausgeschlossen, aber noch nicht in Sichtweite ist. Eine solche Reform könnte auch das Vererben von Unternehmen betreffen. Aktueller Stand ist, dass beim Vererben von Unternehmen andere Regeln gelten als beim Vererben von privaten Vermögen, wobei mit Vermögen hier sowohl nicht notierte Anteile an Kapitalgesellschaften als auch Betriebsvermögen von Einzelunternehmen bzw. Beteiligungen an Personengesellschaften betrachtet werden.

Zur Bewertung der Unternehmenswerte werden dessen Ertragsaussichten oder andere marktübliche Verfahren herangezogen, etwa ein Vergleich mit Wettbewerbern der gleichen Branche. Bei land- und forstwirtschaftlichem Vermögen wird zwischen dem Wohnteil und dem Wirtschaftsteil unterschieden. Beim Wirtschaftsteil wird wiederum das Ertragswertverfahren herangezogen.

Muss ich auch für ein geerbtes Unternehmen Erbschaftssteuer bezahlen?

Auch ein Unternehmen wird vom Finanzamt bewertet, und für das gesamte geerbte Vermögen ist eine Erbschaftssteuer fällig. Damit das Unternehmen nach dem Tod des Erblassers nicht in Schieflage gerät, wurden aber einige Entlastungsmaßnahmen beschlossen. Sogenanntes Verwaltungsvermögen fällt jedoch nicht unter diese Maßnahmen. Die Maßnahmen unterscheiden sich nach der Höhe des Erbes, nämlich ob dieses einen Betrag von 26 Millionen Euro übersteigt oder nicht.

Bei vererbten Unternehmen ist der Staat an einer Weiterführung interessiert – und bietet entsprechende Abschläge bei der Erbschaftssteuer an.

Oh, 26 Millionen Euro sind viel Geld! Was gilt, wenn ich maximal so viel erbe?

Bei einem unternehmerischen Vermögen von höchstens 26 Millionen Euro gilt § 13b ErbStG. Die Regelverschonung sieht in diesem Fall einen Verschonungsabschlag in Höhe von 85 % des geerbten Vermögens vor, d. h., Sie müssten zunächst nur 15 % versteuern. Voraussetzung ist aber, dass das Unternehmen fünf Jahre lang fortgeführt wird, wobei auch eine bestimmte Lohnsumme eingehalten werden muss. Darüber hinaus kann ein Abzugsbetrag in Höhe von 150.000 Euro geltend gemacht werden.

Würden selbst diese 15 % Erbschaftssteuer zu einer Schieflage des Unternehmens führen? Es gibt noch eine zweite Möglichkeit, nämlich die Optionsverschonung, bei der der Verschonungsabschlag 100 % beträgt, also gar keine Erbschaftssteuer abgeführt werden muss. Bei dieser Variante muss das Unternehmen sieben Jahre lang fortgeführt werden, außerdem ist eine höhere Lohnsumme vorgegeben.

Und was gilt über 26 Millionen Euro?

Überschreitet das unternehmerische Vermögen den Betrag von 26 Millionen Euro, gilt § 13c ErbStG. Man spricht dann von einem Großerwerb. Wieder gibt es zwei Möglichkeiten, was die Erbschaftssteuer anbelangt.

Beim Abschmelzmodell ist der Verschonungsabschlag im Vergleich mit der Regelverschonung desto geringer, je höher der Wert des geerbten Unternehmens ist. Wie bei der Regelverschonung gelten dabei die entsprechenden Fortführungs- und Lohnsummenvorgaben.

Kann die Erbschaftssteuer nicht aus dem eigenen Vermögen beglichen werden, kann eine Verschonungsbedarfsprüfung beantragt werden. Die Erbschaftssteuer kann danach – wie bei der Optionsverschonung – vollständig erlassen oder zumindest teilweise erlassen werden. Ebenfalls wie bei der Optionsverschonung gilt, dass das Unternehmen dann mindestens sieben Jahre lang fortgeführt werden muss und höhere Lohnsummenvorgaben zu erfüllen sind.

Es liegt nicht im Interesse des Staates, dass Unternehmen an der Erbschaftssteuer scheitern, deshalb kann in der Regel immer eine sinnvolle Lösung zur Weiterführung des Unternehmens gefunden werden.

6

Der digitale Nachlass

Vielleicht nutzen auch Sie ein Notebook oder ein Smartphone? Sie fotografieren digital? Haben Sie auch eine E-Mail-Adresse und sind bei verschiedenen Anbietern angemeldet, z. B. in sozialen Netzwerken? Da kommen eine ganze Menge Daten zusammen. Alle diese Daten werden zu Ihrem »digitalen Nachlass«. Dieser geht, genauso wie Ihre Vermögenswerte, an die von Ihnen bestimmten Erben. Haben Sie also zu Ihrem Todeszeitpunkt noch ein Streaming-Abo laufen, müssen sich Ihre Erben darum kümmern, dieses zu kündigen – ansonsten entstehen laufende Kosten. Und vielleicht möchten Sie ja auch nicht buchstäblich im Internet »verewigt« sein? Erfahren Sie in diesem Kapitel alles, was Sie über Ihren digitalen Nachlass wissen müssen.

6.1 Übersicht über Ihren digitalen Nachlass verschaffen

Bereits im Jahr 2018 hat der Bundesgerichtshof klargestellt, dass auch der digitale Nachlass zum Erbe zählt. Damals wollte das soziale Netzwerk Facebook den Eltern eines verstorbenen Teenagers zunächst nicht den Zugriff auf das gesperrte Benutzerkonto ermöglichen. Die Eltern haben dagegen geklagt und Recht bekommen.

Wenn Sie selbst einen Computer bzw. ein mobiles Gerät und das Internet nutzen, werden Sie ebenfalls einen erheblichen digitalen Nachlass anhäufen. Lassen Sie uns zunächst einmal einen Blick darauf werfen, was alles dazugehört.

Bestandteil Ihres digitalen Nachlasses kann Folgendes sein:

- **Digitale Geräte:** Gemeint sind hiermit alle Geräte, auf denen Sie persönliche Daten digital speichern können. Dazu zählen Desktop-Computer, Notebooks, Tablet-PCs und Smartphones, aber auch Speichermedien wie eine externe Festplatte oder USB-Speichersticks.

- **Dateien:** Auf Ihren digitalen Geräten oder auch in der Cloud sind viele Dateien gespeichert, z. B. Dokumente, Urlaubsfotos, Videos usw. Sofern Sie diese Dokumente selbst erstellt haben, geht das Urheberrecht dafür auf den Erben über.

- **Software:** Auch die auf den Geräten installierte Software zählt zu Ihrem digitalen Nachlass, ebenso wie die Softwarelizenzen, die Sie erworben haben. Bei digitalen Medien wie E-Books oder Musik-Downloads kann es hingegen anders aussehen, da diese häufig mit einem nicht übertragbaren Nutzungsrecht gekauft werden.

- **Digitale Abos:** Wenn Sie ein digitales Abo abgeschlossen haben, etwa zum Streamen von Spielfilmen oder Serien übers Internet, gehört dieses auch zu Ihrem digitalen Nachlass.

- **Benutzerkonten:** Ebenfalls zum digitalen Nachlass gehören alle Ihre Benutzerkonten, egal ob lokal oder im Internet. Dazu zählen E-Mail-Konten und die darin enthaltenen Daten, Ihre Benutzerkonten bei sozialen Netzwerken und die darin enthaltenen Daten, Ihre Benutzerkonten bei Onlineshops und die darin enthaltenen Daten usw.

- **Webseiten:** Wenn Sie im Internet eigene Webseiten oder Beiträge in einem Blog veröffentlicht haben, zählen auch diese zum digitalen Nachlass.

Wie sieht es mit Kryptowährungen aus? Kann ich diese ebenfalls vererben?

Haben Sie einen Teil Ihres Vermögens in Kryptowährungen wie Bitcoin, Ethereum und Co. investiert, müssen Sie sich darüber im Klaren sein, dass diese ebenfalls nur digital vorhanden sind. Damit Sie die Kryptowährungen vererben können, müssen Sie Ihren Erben unbedingt entsprechende private Keys bzw. Onlinewallets zugänglich machen. Im schlimmsten Fall würden die Kryptowährungen sonst unrettbar verloren gehen.

Hilfe! Ich weiß gar nicht mehr, wo ich mich überall angemeldet habe

Sie wissen normalerweise, welche digitalen Geräte Sie besitzen, und auch – zumindest der Art nach – welche Daten sich darauf befinden. Wie sieht es aber mit Benutzerkonten im Internet aus? Können Sie sich noch erinnern, wo Sie sich im Lauf der Jahre überall angemeldet haben? Wenn Sie Ihren digitalen Nachlass regeln möchten, besteht der erste Schritt darin, sich einen Überblick zu verschaffen. Notieren Sie die Anbieter, bei denen Sie angemeldet sind, am besten einmal auf Papier. Aber wo finden Sie die Namen der Anbieter?

Eine gute Möglichkeit besteht darin, Ihre E-Mails durchzuschauen. Denn wenn Sie sich bei einem Internetanbieter registrieren, wird das Benutzerkonto in der Regel über Ihr E-Mail-Konto verifiziert, sodass Sie über entsprechende Bestätigungs-E-Mails (aber auch durch Werbung oder Infos, die per E-Mail verschickt werden) die unterschiedlichen Anbieter in Erfahrung bringen können.

Oder schauen Sie sich in einem Passwortmanager an, welche Benutzerkonten dort gespeichert sind. Melden Sie sich bei einem Internetanbieter an, wird Ihnen das Speichern der Zugangsdaten angeboten. Diese Zugangsdaten können Sie jederzeit aufrufen, etwa in den Einstellungen Ihres Webbrowsers oder in dafür vorgesehenen Apps, etwa der App *Passwörter* auf Apple-Geräten.

Manche Menschen notieren ihre Passwörter auch in einem kleinen Büchlein, das sie dann gut versteckt aufbewahren. Auch diese analoge Passwortliste kann Ihnen bei der Zusammenstellung Ihrer Benutzerkonten dienlich sein.

Sie wissen außerdem vielleicht, dass in einem Webbrowser standardmäßig ein Verlauf der von Ihnen besuchten Webseiten gespeichert wird. Auch über diesen Verlauf können Sie herausfinden, welche Webseiten Sie zu einem früheren Zeitpunkt besucht haben, etwa um sich in einem kleineren Onlineshop zu registrieren und dort etwas zu bestellen.

Seien Sie bei der Zusammenstellung Ihrer Benutzerkonten ruhig einmal akribisch und berücksichtigen Sie auch solche Anbieter, die Sie bereits mehrere Jahre nicht genutzt haben. Wobei es aber so ist, dass viele Anbieter Benutzerkonten nach längerer Nichtnutzung ausmisten, sodass dann eine Anmeldung gar nicht mehr möglich ist.

6.1 Übersicht über Ihren digitalen Nachlass verschaffen

Wie bringe ich vergessene Passwörter in Erfahrung?

Nun können Sie zwar das Benutzerkonto kennen, wissen aber nicht mehr, mit welchem Passwort Sie sich anmelden müssen? Auch in einem solchen Fall kann Ihnen der Zugriff auf die gespeicherten Benutzerkonten dienlich sein, etwa im Webbrowser oder in einem Passwortmanager. Denn auch vergessene Passwörter lassen sich dort anzeigen.

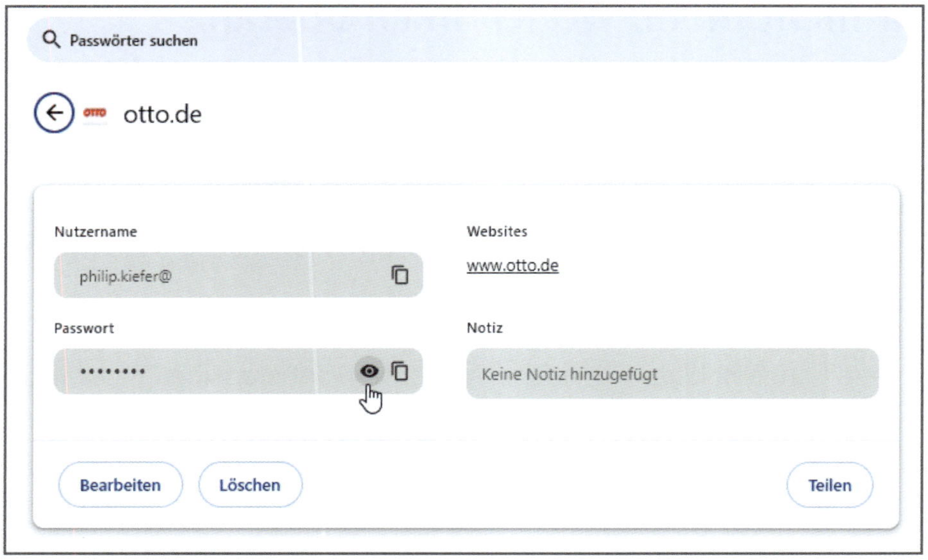

Bringen Sie vergessene Passwörter z. B. im Passwortmanager Ihres Browsers in Erfahrung.

Und wenn Sie ein vergessenes Passwort nicht gespeichert oder aufgeschrieben haben, besteht immer noch die Möglichkeit, ein Passwort beim jeweiligen Internetanbieter wiederherzustellen. Hierfür wird Ihnen, nachdem Sie die Anmeldeseite des Internetanbieters aufgerufen haben, eine entsprechende Option angeboten, etwa *Passwort vergessen?* oder *Benötigen Sie Hilfe beim Anmelden?*.

Die Passwortwiederherstellung erfolgt häufig so, dass Sie eine E-Mail an Ihre E-Mail-Adresse geschickt bekommen. In dieser E-Mail klicken Sie dann auf einen Link und werden durch den Wiederherstellungsprozess geführt. Vergeben Sie ein neues Passwort, mit dem Sie sich zukünftig anmelden können.

Es kann sehr aufwendig sein, Benutzerkonten zu sichten und vergessene Passwörter in Erfahrung zu bringen. Löschen Sie bei dieser Gelegenheit Benutzerkonten, die Sie sowieso nicht mehr brauchen.

Alles das, was Sie zu Ihren Lebzeiten selbst ausmisten, bürden Sie später nicht Ihren Erben auf.

Wie lösche ich Benutzerkonten im Internet?

Wenn Sie sich entscheiden, Ihren digitalen Nachlass möglichst klein zu halten, machen Sie sich daran, Ihre nicht benötigten Dateien und Benutzerkonten auszumisten. Vielleicht braucht es ja gar nicht 500 Fotos von jedem Urlaub, sondern die schönsten genügen? Und müssen E-Mails von vor 20 Jahren wirklich aufbewahrt werden, auch wenn es digital so einfach ist? Gehen Sie mit dem digitalen Kehrbesen über Ihre Dateien.

Was Benutzerkonten betrifft: Diese lassen sich häufig direkt auf der Webseite des Anbieters löschen, z. B. in Ihrem Benutzerprofil, das Sie nach der Anmeldung auswählen können. Wird keine Kontolöschung angeboten, senden Sie eine E-Mail an den Anbieter mit der Bitte, das Benutzerkonto zu löschen. Eine entsprechende E-Mail könnte z. B. so lauten:

Hallo zusammen,

bitte löschen Sie mein Benutzerkonto XY und alle damit verbundenen Daten!

Mit freundlichen Grüßen
Jan Mustermann

Behalten Sie nur solche Benutzerkonten und Daten, die Sie wirklich brauchen bzw. die Sie unbedingt aufbewahren möchten.

So halten Sie den späteren Aufwand für die Erben Ihres digitalen Nachlasses gering.

6.2 Den digitalen Nachlass sauber regeln

Wenn Sie sich Ihre digitalen Geräte als Zimmer vorstellen, sind die Daten darauf Ihre Einrichtungsgegenstände, Ordner, Dekoobjekte usw. Das Entrümpeln eines digitalen Nachlasses können Sie sich dann gut als eine Art digitale Haushaltsauflösung vorstellen. Da gibt es viel zu tun!

Auf die Person oder auch mehrere Personen, die diese Aufgabe übernehmen, wartet eine ganze Reihe von Aufgaben. Zunächst einmal wird der Zugriff auf jedes einzelne Gerät und jedes einzelne Benutzerkonto benötigt. Mit einer von Ihnen angelegten Liste der Zugangsdaten ist dieser Punkt relativ schnell erledigt. Fehlt hingegen eine solche Liste, müsste der Zugriff beim jeweiligen Anbieter – unter Vorlage entsprechender Unterlagen – extra beantragt werden.

Sobald Ihr digitaler Erbe bzw. ein digitaler Nachlassverwalter Zugriff auf Ihre Geräte und Benutzerkonten hat, fängt die Arbeit erst richtig an. Denn nun müssen die unterschiedlichen Inhalte gesichtet werden. Außerdem muss geprüft werden, ob es erforderlich ist, digitale Abos zu kündigen.

Auch das Sichten Ihres E-Mail-Postfachs kann sich als sehr aufwendig erweisen. Denn meistens sind dort viele E-Mails gespeichert und oft kommen täglich weitere E-Mails hinzu. Diese E-Mails müssen gelesen und bei Bedarf beantwortet werden, was viel Zeit beansprucht.

Wurden alle Inhalte gesichtet, stellt sich als Nächstes die Frage, welche Dateien gesichert werden sollen, etwa per E-Mail erhaltene Bilder oder auch Fotos, die Sie in einem sozialen Netzwerk veröffentlicht haben. Welche Dateien sollen an Hinterbliebene weitergeleitet werden? Welche auf einem Datenträger mit Ihrem digitalen Nachlass gesichert werden? Auch solche Fragen muss sich die Person stellen, die sich um Ihren digitalen Nachlass kümmert.

Vielleicht gibt es noch sonstige Spuren im Internet, die beseitigt werden sollen, etwa Fotos, die Sie irgendwo mal hochgeladen haben? Dazu müssten dann die jeweiligen Webseitenbetreiber aufgefordert werden.

Nachdem diese Arbeit beendet ist, sollte zum Schluss ein einziger Datenträger übrig bleiben, auf dem wichtige Dateien gespeichert bleiben. Alles andere wird gelöscht und aufgelöst.

Kann ich bestimmen, wer sich um den digitalen Nachlass kümmern soll?

Besprechen Sie zu Ihren Lebzeiten, wer sich einmal um Ihren digitalen Nachlass kümmern soll. Sie könnten diese Person testamentarisch mit einem höheren Erbteil entschädigen. Für die Verwaltung Ihres digitalen Nachlasses können Sie entweder eine über Ihren Tod hinausgehende Vollmacht erteilen, oder Sie bauen eine entsprechende Passage in Ihr Testament ein.

Diese könnte beispielsweise so lauten:

Zu meinem Erbe gehört auch ein digitaler Nachlass, um den sich mein Sohn Markus Mustermann, geboren am 6.8.1983, wohnhaft im Starenweg 48, 12345 Musterlingen, kümmern soll. Ein Dokument mit einer Liste meiner digitalen Geräte und mit den entsprechenden Zugangsdaten ist in meinem Bankschließfach hinterlegt.

Statt eine solche allgemeine Passage zu verwenden, ließe sich auch genau festlegen, welche Daten gelöscht und welche behalten werden sollen. Theoretisch könnten Sie die einzelnen Benutzerkonten ebenfalls im Testament aufführen, aber es ist übersichtlicher, diese in einem gesonderten Dokument aufzulisten und auf dieses Dokument im Testament lediglich zu verweisen. Oder Sie verwenden alternativ die »digitale Vollmacht«, die Sie als Formular hinten in diesem Buch finden.

Können Benutzerkonten nach meinem Ableben automatisch gelöscht werden?

Bei einigen Anbietern können Sie regeln, was mit einem Profil geschehen soll, wenn Sie es eine Zeit lang nicht genutzt haben oder wenn Sie als verstorben gemeldet werden. Bei manchen sozialen Netzwerken lassen sich z. B. Einstellungen für einen Gedenkzustand vornehmen, und auch ein Nachlasskontakt kann festgelegt werden. Für den Gedenkzustand ist es allerdings erforderlich, dass ein Todesnachweis hochgeladen wird, also z. B. die Sterbeurkunde oder Todesanzeige.

Bei einem Google-Konto lässt sich der digitale Nachlass automatisch regeln. Wählen Sie dazu in einem Google-Konto und dort in den Datenschutzeinstellungen die Option, ein länger inaktives Konto automatisch zu löschen. Sie können vor der Löschung mehrere Personen automatisch benachrichtigen lassen.

Besprechen Sie mit der Person, die Ihren digitalen Nachlass verwalten soll, ob Sie eventuelle Gedenkseiten wünschen oder nicht. Übrigens gibt es auch Dienstleister, die Ihren digitalen Nachlass regeln können. Sie finden solche Anbieter über die Internetsuche. Auch viele Bestattungsinstitute bieten diese Dienstleistung inzwischen an. Achten Sie unbedingt darauf, dass es sich um absolut vertrauenswürdige Anbieter handelt!

Hier wurde für ein Google-Konto festgelegt, dass dieses nach 18-monatiger Inaktivität automatisch gelöscht werden soll.

7

Mögliche Probleme rund ums Erben und Vererben

Zu erben kann ein Wechselbad der Gefühle sein. Da ist zunächst einmal die Trauer, die verarbeitet werden muss, während gleichzeitig organisatorische Anstrengungen erforderlich sind. Wenn es ans Erben geht, können dann Zweifel aufkommen, ob man nicht sogar Schulden erben könnte, die vom eigenen Vermögen bezahlt werden müssten. Oder eine Person wird enterbt. Oder man möchte ein als ungerecht empfundenes Testament anfechten. Lassen Sie uns in diesem Kapitel einen Blick auf mögliche Probleme rund ums Erben und Vererben werfen.

7.1 Ein Erbe rechtzeitig ausschlagen

Wenn Sie erfahren, dass Sie etwas erben sollen, prüfen Sie sorgfältig, ob die Schulden des Erblassers sogar dessen Guthaben übersteigen könnten. Hierzu könnten Sie als Angehöriger die Dokumente und Kontoauszüge des Erblassers wälzen oder vorhandene Immobilien begutachten lassen.

Kommen Sie zu dem Schluss, dass die Annahme des Erbes zu risikoreich wäre, können Sie das Erbe ausschlagen.

Die Ausschlagungsfrist ist in § 1944 BGB geregelt:

(1) Die Ausschlagung kann nur binnen sechs Wochen erfolgen.

(2) Die Frist beginnt mit dem Zeitpunkt, in welchem der Erbe von dem Anfall und dem Grunde der Berufung Kenntnis erlangt. Ist der Erbe durch Verfügung von Todes wegen berufen, beginnt die Frist nicht vor Bekanntgabe der Verfügung von Todes wegen durch das Nachlassgericht. Auf den Lauf der Frist finden die für die Verjährung geltenden Vorschriften der §§ 206, 210 entsprechende Anwendung.

(3) Die Frist beträgt sechs Monate, wenn der Erblasser seinen letzten Wohnsitz nur im Ausland gehabt hat oder wenn sich der Erbe bei dem Beginn der Frist im Ausland aufhält.

Sie haben also für die Ausschlagung in der Regel sechs Wochen Zeit, nachdem Sie von dem Erbe erfahren haben, z. B. durch die Testamentseröffnung. Halten Sie sich zum Fristbeginn im Ausland auf oder hatte der Erblasser seinen letzten Wohnsitz im Ausland, verlängert sich die Ausschlagungsfrist auf sechs Monate.

Wie gehe ich vor, um ein Erbe auszuschlagen?

Um das Erbe auszuschlagen, können Sie entweder direkt beim Nachlassgericht die Erbausschlagung erklären.

Alternativ können Sie das Erbe schriftlich ausschlagen, dazu ist allerdings eine von einem Notar beglaubigte Unterschrift erforderlich.

Welche Alternativen gibt es zur Ausschlagung?

Selbst wenn Schulden vorhanden sind, ist das Ausschlagen des Erbes nicht immer die beste Wahl. Sie könnten alternativ auch eine Nachlassverwaltung beantragen, um Ihre Haftung auf die Erbmasse zu begrenzen. Das bedeutet, dass Gläubiger Geld aus dem Nachlass erhalten können, Sie müssten diese jedoch nicht aus Ihrem eigenen Vermögen bezahlen.

Eine Nachlassverwaltung lässt sich beim Nachlassgericht beantragen. Die Kosten richten sich nach der Vermögenshöhe, die Mindestgebühr beträgt 200 Euro. Das große Aber: Solange die Nachlassverwaltung läuft, haben Sie selbst keinen Zugriff auf das Erbe. In § 1986 BGB heißt es hierzu:

(1) Der Nachlassverwalter darf den Nachlass dem Erben erst ausantworten, wenn die bekannten Nachlassverbindlichkeiten berichtigt sind.

(2) Ist die Berichtigung einer Verbindlichkeit zur Zeit nicht ausführbar oder ist eine Verbindlichkeit streitig, so darf die Ausantwortung des Nachlasses nur erfolgen, wenn dem Gläubiger Sicherheit geleistet wird. Für eine bedingte Forderung ist Sicherheitsleistung nicht erforderlich, wenn die Möglichkeit des Eintritts der Bedingung eine so entfernte ist, dass die Forderung einen gegenwärtigen Vermögenswert nicht hat.

Haben Sie ein Erbe bereits angenommen und möchten in Erfahrung bringen, welche Gläubiger es gibt, können Sie beim Nachlassgericht ein Aufgebotsverfahren beantragen.

Eventuelle Gläubiger des Erblassers müssen dann innerhalb einer bestimmten Frist dem Gericht mitteilen, was der Erblasser ihnen schuldete. Tun sie dies nicht, verfallen ihre Ansprüche.

7.2 Enterbung und Pflichtteil – was Sie dazu wissen müssen

Stellen Sie sich einmal den folgenden Fall vor: Ein Mann hat zwei Töchter. Die eine Tochter, Ilse, führt ein Lotterleben und hat den Kontakt zum Vater schon seit vielen Jahren abgebrochen. Die andere Tochter hingegen, Goldmarie, ist fleißig und kümmert sich rührend um die Belange des Vaters. Wenn Sie dieser Mann wären: Wem würden Sie Ihr Vermögen lieber vererben?

Nun, die gesetzliche Erbfolge sieht vor, dass beide Töchter gleich viel erben. Deshalb kommt der Mann auf den Gedanken, Goldmarie in einem Testament als Alleinerbin einzusetzen und auf diese Weise Ilse zu »enterben«. Aber ist das in einem solchen Fall überhaupt möglich?

Jedem gesetzlichen Erben steht ein Pflichtteil zu, welcher der Hälfte des gesetzlichen Erbteils entspricht. Im Fall von Ilse würde dieser Pflichtteil 25 % des Nachlasses betragen. Diesen Pflichtteil kann Ilse von Goldmarie einfordern. Wenn diese den Pflichtteil nicht freiwillig ausbezahlt, kann Ilse ihn einklagen. Ilse würde damit zwar dem letzten Willen ihres Vaters widersprechen, aber das wäre ihr egal.

Um Streitigkeiten und Pflichtteilsklagen von vornherein auszuschließen, sollten diese vom Erblasser im Testament direkt berücksichtigt werden.

Ist eine Enterbung also gar nicht möglich?

Der Entzug des Pflichtteils, also eine vollständige Enterbung, ist lediglich in vier Ausnahmefällen möglich, die in § 2333 Abs. 1 BGB aufgeführt werden:

(1) Der Erblasser kann einem Abkömmling den Pflichtteil entziehen, wenn der Abkömmling

1. dem Erblasser, dem Ehegatten des Erblassers, einem anderen Abkömmling oder einer dem Erblasser ähnlich nahe stehenden Person nach dem Leben trachtet,

2. sich eines Verbrechens oder eines schweren vorsätzlichen Vergehens gegen eine der in Nummer 1 bezeichneten Personen schuldig macht,

3. die ihm dem Erblasser gegenüber gesetzlich obliegende Unterhaltspflicht böswillig verletzt oder

4. wegen einer vorsätzlichen Straftat zu einer Freiheitsstrafe von mindestens einem Jahr ohne Bewährung rechtskräftig verurteilt wird und die Teilhabe des Abkömmlings am Nachlass deshalb für den Erblasser unzumutbar ist. Gleiches gilt, wenn die Unterbringung des Abkömmlings in einem psychiatrischen Krankenhaus oder in einer Entziehungsanstalt wegen einer ähnlich schwerwiegenden vorsätzlichen Tat rechtskräftig angeordnet wird.

Der Pflichtteil kann also lediglich bei kriminellem Verhalten entzogen werden oder wenn eine Unterhaltspflicht gegenüber dem Erblasser böswillig verletzt wurde. Neben dem Pflichtteilsentzug gibt es aber auch noch die Möglichkeit der Pflichtteilsbeschränkung, die bei einem nachweislich überschuldeten und verschwenderisch lebenden Erben möglich wäre. Dann könnte der Pflichtteil später an die Abkömmlinge des Erben übergehen. Bis dahin würde er nur den jährlichen Reinertrag aus dem angelegten Erbe erhalten.

7.2 Enterbung und Pflichtteil – was Sie dazu wissen müssen

Schenkungen zu Lebzeiten können angerechnet werden

Hat ein gesetzlicher Erbe zu dessen Lebzeiten Schenkungen vom Erblasser erhalten, können diese auf den Pflichtteil angerechnet werden. Dies muss jedoch zu Lebzeiten so vereinbart werden. Andererseits können Pflichtteilsberechtigte verlangen, dass der Pflichtteil angepasst wird, wenn der Erblasser zu Lebzeiten größere Schenkungen an Dritte vorgenommen hat.

Kann ein Pflichtteil gestundet werden?

Haben Sie geerbt und ein gesetzlicher Erbe verlangt die Auszahlung des Pflichtteils, ist diese Forderung also berechtigt. Gleichzeitig haben Sie selbst als Erbe die Möglichkeit, eine Stundung des Pflichtteils zu verlangen – also eine Verschiebung der Auszahlung. Dies ist dann möglich, wenn die sofortige Auszahlung für Sie eine unbillige Härte bedeuten würde, etwa wenn Sie dafür das selbst bewohnte Eigenheim verkaufen müssten.

Bei mancher Erbschaft besteht Diskussionsbedarf zwischen den Erben – und gegebenenfalls »Enterbten«.

7.3 Ein Testament anfechten – wann ist das möglich?

Normalerweise ist davon auszugehen, dass in einem Testament der letzte Wille eines Menschen ausgedrückt wird. Nun könnte es aber sein, dass das Testament tatsächlich unter Drohungen entstanden ist, um bestimmte Personen zu begünstigen. Oder – ein häufigerer Fall – der Pflichtteil eines gesetzlichen Erben wird nicht berücksichtigt. Vielleicht wird auch die Testierfähigkeit des Erblassers bezweifelt, der bereits mit einer beginnenden Demenz in ärztlicher Behandlung war? In solchen Fällen kann ein Testament angefochten werden. Anfechten bedeutet dabei in der Regel, dass das Testament für ungültig erklärt wird.

Wie erfolgt eine Anfechtung?

Die Anfechtung eines Testaments erfolgt durch eine Erklärung beim zuständigen Nachlassgericht. Sie können die Anfechtung vor Ort zu Protokoll geben oder die Anfechtung schriftlich formulieren. Schalten Sie dafür am besten einen Rechtsanwalt ein.

Eine Ausnahme ist das Anfechten eines Vermächtnisses: Die Anfechtungserklärung zu einem Ihrer Meinung nach unberechtigten Vermächtnis würden Sie als Erbe schriftlich direkt an den Vermächtnisnehmer richten und diese natürlich auch begründen.

Kann jede beliebige Person ein Testament anfechten?

Es können grundsätzlich nur Personen ein Testament anfechten, die von einer erfolgreichen Anfechtung profitieren würden.

Dies ist in § 2080 Abs. 1 BGB so geregelt. Die Beweislast liegt dabei bei der anfechtenden Person.

In welchem Zeitraum kann ein Testament angefochten werden?

Die Frist für eine Testamentsanfechtung beginnt mit dem Zeitpunkt, an dem eine Person von einem Anfechtungsgrund erfährt, also z. B. von einer Demenzdiagnose des Erblassers.

Die Anfechtung muss ab diesem Zeitpunkt innerhalb eines Jahres erfolgen. Nach Ablauf von 30 Jahren ist eine Anfechtung ausgeschlossen, auch wenn dann noch Anfechtungsgründe auftauchen sollten.

7.3 Ein Testament anfechten – wann ist das möglich?

Was könnten Anfechtungsgründe sein?

Es sind verschiedene Szenarien denkbar, die Sie zur Anfechtung eines Testaments bewegen könnten. Die Übergehung eines Pflichtteilsberechtigten wurde bereits genannt. Auch wenn ein Testament nachweislich unter Drohungen entstanden ist, kann dieses selbstverständlich angefochten werden. Und wenn die fehlende Testierfähigkeit des Erblassers bezweifelt wird, etwa wegen einer Demenz, ist dies ebenfalls ein Anfechtungsgrund.

Weitere Anfechtungsgründe können Formfehler oder Fälschungen sein, oder wenn im Testament gegen ein Gesetz verstoßen wird. Auch ein Fall von Sittenwidrigkeit kann zur Anfechtung führen, wenn z. B. ein Erbe an den überlebenden Ehegatten daran geknüpft wird, dass dieser nicht mehr heiratet.

Ein bloßer Vorwurf der Erbschleicherei ist dagegen noch kein Anfechtungsgrund. Wenn der 80-jährige Erblasser kurz vor seinem Tod eine 20-jährige Frau heiratet und diese als Alleinerbin einsetzt, ist dies allein noch keine Begründung für eine erfolgreiche Anfechtung. Anders sähe es aus, wenn der jungen Frau bewusste Täuschung nachgewiesen werden könnte. Solche Sachverhalte sollte dann aber ein Rechtsanwalt klären.

Halten wir also fest, dass das Erben und Vererben mit hohem Aufwand und einigen Fallstricken verbunden sein kann. Als Erblasser achten Sie am besten darauf, alles zu regeln und Ihren Erben kein Chaos zu hinterlassen. Und als Erbe seien Sie bemüht, mit dem Erbe verantwortlich und sinnvoll ganz im Sinne des Erblassers umzugehen.

8 Anhang: Nützliche Adressen

zu den Themen Erben, Vererben und Vorsorge

Der Textteil dieses Buches soll nicht mit den Problemen enden, die im Zusammenhang mit dem Erben und Vererben auftreten können und die im vorangegangenen Kapitel besprochen wurden. Stattdessen legen wir den Fokus auf weiterführenden Rat und Hilfe. Die Grundlagen haben Sie sich mithilfe dieses Buches angeeignet. Wenn Sie nun bei Google oder in einer anderen Suchmaschine nach den Schlüsselbegriffen eines Themas suchen, das Sie klären möchten, können Sie die aufgerufenen Webseiten – z. B. von Behörden, Notaren oder Rechtsanwälten – besser verstehen. Auch die folgende kleine Auswahl nützlicher Webseiten kann Ihnen wichtige Anlaufstellen bieten.

Gesetzbücher zum Thema Erben und Vererben

- Bürgerliches Gesetzbuch: https://www.gesetze-im-internet.de/bgb
- Erbschaftsteuer- und Schenkungsteuergesetz: https://www.gesetze-im-internet.de/erbstg_1974

Nach Notaren, Gerichten oder Anwälten suchen

- Notarsuche: https://www.notar.de
- Gerichtssuche: https://justiz.de
- Anwaltsuche: https://www.anwalt24.de

Rat zu den Themen Organspende und Bestattung

- Organspende-Info: https://www.organspende-info.de
- Bestattersuche: https://www.bestatter.de

Rat zu den Themen Vorsorge und Pflege

- Verbraucherzentralen: https://www.vzbv.de
- Caritas: https://www.caritas.de/hilfeundberatung/onlineberatung/onlineberatung
- Deutsche Stiftung Patientenschutz: https://www.stiftung-patientenschutz.de
- Online-Ratgeber Pflege: https://www.bundesgesundheitsministerium.de/themen/pflege
- Wege zur Pflege: https://www.wege-zur-pflege.de

Rente und Versicherungen

- Deutsche Rentenversicherung: https://www.deutsche-rentenversicherung.de
- Altersvorsorge: https://www.ihre-vorsorge.de
- Versicherungsvergleich: https://www.check24.de/versicherungen

Weitere nützliche Webadressen

- Bürgertelefon: https://www.bmas.de/DE/Service/Kontakt/Buergertelefon/buergertelefon.html
- AOK-Pflegedienstsuche: https://www.aok.de/pk/pflegedienst-in-der-naehe
- Arztsuche und Ärztebewertungen: https://www.jameda.de

Abbildungsverzeichnis

Seite 8	© Rawpixel.com – Freepik
Seite 10	© Grustock – Freepik
Seite 13	© Ollyy – Freepik
Seite 16	© pasja1000 – Pixabay
Seite 19	© geralt – Pixabay
Seite 20	© The Yuri Arcurs Collection – Freepik
Seite 21	© congerdesign – Pixabay
Seite 23	© Nensuria – Freepik
Seite 26	© Peoplecreations – Freepik
Seite 28	© Katemangostar – Freepik
Seite 30	© Drazen Zigic – Freepik
Seite 34	© Freepik
Seite 36	© Wirestock – Freepik
Seite 40	© Freepik
Seite 43	© roma1880 – Pixabay
Seite 44	© Wavebreakmedia_micro – Freepik
Seite 47, 48	© reeel, Zerbor – Adobe Stock
Seite 50–52	© reeel, Zerbor – Adobe Stock
Seite 53	© Freepik
Seite 54, 55	© reeel, Zerbor – Adobe Stock
Seite 56	© Freepik
Seite 58	© reeel, Zerbor – Adobe Stock
Seite 61	© pasja1000 – Pixabay
Seite 63	© reeel, Zerbor – Adobe Stock
Seite 68	© Perfectlab – Freepik
Seite 69	© reeel, Zerbor – Adobe Stock
Seite 70	© dominic_winkel – Pixabay
Seite 71	© EyeEm – Freepik
Seite 73, 75, 76	© reeel, Zerbor – Adobe Stock
Seite 83	© Gpointstudio – Freepik
Seite 85	© Bru-nO – Pixabay
Seite 87	© Vecstock – Freepik
Seite 89	© fietzfotos – Pixabay
Seite 90	© Pch.Vector – Freepik
Seite 91	© catsfromspace – Pixabay
Seite 95	© Wirestock – Freepik
Seite 96	© drobotdean – Freepik
Seite 98	© Boggy – Freepik
Seite 100	© Freepik
Seite 101	© jhenning – Pixabay
Seite 105	© TyliJura – Pixabay
Seite 108	© Freepik
Seite 109	© PublicDomainPictures – Pixabay
Seite 110/111	© reeel, Zerbor – Adobe Stock
Seite 112	© Pexels – Pixabay
Seite 113	© reeel, Zerbor – Adobe Stock
Seite 114	© Gpointstudio – Freepik
Seite 117	© Guzov Ruslan – Freepik
Seite 126	© Sponchia – Pixabay
Seite 128	© Freepik

Index

F

G

H

Formularteil:

Vordrucke zum Herausnehmen

Sie finden im Formularteil einige nützliche Formulare, die Sie zum Erledigen Ihrer Vorsorgethemen verwenden können. Die Formulare sind mit einer Perforation versehen, um sie einfacher aus dem Buch heraustrennen zu können. Falten Sie ein Blatt dazu mehrmals entlang der Perforation, und lösen Sie es anschließend durch vorsichtiges seitliches Ziehen aus dem Buch.

Alternativ laden Sie die Formulare als PDF-Dateien aus dem Internet und drucken sie bei sich zu Hause aus.
Die Webadresse für den Download lautet: www.mut.de/0050
Dort finden Sie zudem noch ein Download-PDF mit Tipps zum Thema Erbschaft und Steuern.

Wichtige Hinweise zum Ausfüllen der Formulare

Machen Sie sich, bevor Sie darangehen, die Formulare auszufüllen, einige Gedanken. Ein Kreuzchen ist schnell gemacht, kann jedoch weitreichende Wirkung haben. Überlegen Sie sich Ihre Wünsche also wirklich genau, bevor Sie ein Kreuzchen setzen!

Achten Sie zudem darauf, dass sich die von Ihnen ausgewählten Inhalte nicht widersprechen dürfen, kreuzen Sie also z. B. nicht gleichzeitig an, dass Sie eine Trauerfeier wünschen und nicht wünschen. Aus widersprüchlichen Aussagen ließe sich keine Entscheidung ableiten.

Ebenfalls wichtig: Damit ein Dokument rechtskräftig wird, versehen Sie es mit einer Ortsangabe und dem aktuellen Datum; unterschreiben Sie es eigenhändig mit Ihrem Vor- und Zunamen. Ein Testament schreiben Sie vollständig eigenhändig – von der Überschrift bis zur Unterschrift. Deshalb finden Sie im Formularteil auch keine Vorlage zum Errichten eines Testaments.

Folgende Formulare finden Sie – in dieser Reihenfolge im Formularteil. Die entsprechenden Informationen dazu entnehmen Sie dem vorangegangenen Textteil dieses Buches.

- Erben und Vermächtnisnehmer
- Vermögensübersicht
- Bestattungsverfügung
- Meine digitalen Geräte und Benutzerkonten
- Vollmacht zur Regelung meines digitalen Nachlasses

Erben und Vermächtnisnehmer

Mithilfe dieses Formulars kläre ich für mich selbst, wem ich etwas vererben oder vermachen möchte und wer gegebenenfalls Anspruch auf einen Pflichtteil hat. Die Aufstellung dient lediglich dazu, mir selbst Klarheit zu verschaffen, sie hat also keinerlei rechtliche Auswirkungen.

Gesetzliche Erben mit Anspruch auf einen Pflichtteil

NAME: ______________________________

ERBTEIL in %: ____________

NAME: ______________________________

ERBTEIL in %: ____________

NAME: ______________________________

ERBTEIL in %: ____________

NAME: ______________________________

ERBTEIL in %: ____________

NAME: ______________________________

ERBTEIL in %: ____________

NAME: ______________________________

ERBTEIL in %: ____________

NAME: ______________________________

ERBTEIL in %: ____________

Weitere Personen oder Organisationen, die ich als Erben einsetzen möchte

NAME: ____________________

ERBTEIL in %: __________

NAME: ____________________

ERBTEIL in %: __________

NAME: ____________________

ERBTEIL in %: __________

NAME: ____________________

ERBTEIL in %: __________

Personen oder Organisationen, denen ich etwas vermachen möchte

NAME: ____________________

VERMÄCHTNIS: ____________________

NAME: ____________________

VERMÄCHTNIS: ____________________

NAME: ____________________

VERMÄCHTNIS: ____________________

NAME: ____________________

VERMÄCHTNIS: ____________________

Vermögensübersicht

Mit diesem Formular verschaffe ich mir selbst, aber auch meinen Erben einen Überblick über meine Vermögenswerte und auch über eventuell bestehende Verbindlichkeiten.

Konten und Depots

NAME DER BANK: ______________________________

IBAN: ______________________________

BETRAG: ______________ Euro

NAME DER BANK: ______________________________

IBAN: ______________________________

BETRAG: ______________ Euro

NAME DER BANK: ______________________________

IBAN: ______________________________

BETRAG: ______________ Euro

NAME DER BANK: ______________________________

IBAN: ______________________________

BETRAG: ______________ Euro

NAME DER BANK: ______________________________

IBAN: ______________________________

BETRAG: ______________ Euro

GESAMTBETRAG »KONTEN UND DEPOTS«: ______________ Euro

Immobilien

IMMOBILIE: ______________________________

ADRESSE: ______________________________

BETRAG: __________ Euro

IMMOBILIE: ______________________________

ADRESSE: ______________________________

BETRAG: __________ Euro

IMMOBILIE: ______________________________

ADRESSE: ______________________________

BETRAG: __________ Euro

IMMOBILIE: ______________________________

ADRESSE: ______________________________

BETRAG: __________ Euro

IMMOBILIE: ______________________________

ADRESSE: ______________________________

BETRAG: __________ Euro

IMMOBILIE: ______________________________

ADRESSE: ______________________________

BETRAG: __________ Euro

GESAMTBETRAG »IMMOBILIEN«: ____________________ Euro

Bewegliche Sachen (Edelmetalle, Autos, Kunst usw.)

GEGENSTAND: ____

BESCHREIBUNG: ____

BETRAG: ________________ Euro

GEGENSTAND: ____

BESCHREIBUNG: ____

BETRAG: ________________ Euro

GEGENSTAND: ____

BESCHREIBUNG: ____

BETRAG: ________________ Euro

GEGENSTAND: ____

BESCHREIBUNG: ____

BETRAG: ________________ Euro

GEGENSTAND: ____

BESCHREIBUNG: ____

BETRAG: ________________ Euro

GEGENSTAND: ____

BESCHREIBUNG: ____

BETRAG: ________________ Euro

GESAMTBETRAG »BEWEGLICHE SACHEN«: ________________________ Euro

Forderungen (Bausparguthaben, Lebensversicherung usw.)

ANBIETER: ______________________________

FORDERUNG: ______________________________

BETRAG: ______________ Euro

ANBIETER: ______________________________

FORDERUNG: ______________________________

BETRAG: ______________ Euro

ANBIETER: ______________________________

FORDERUNG: ______________________________

BETRAG: ______________ Euro

ANBIETER: ______________________________

FORDERUNG: ______________________________

BETRAG: ______________ Euro

ANBIETER: ______________________________

FORDERUNG: ______________________________

BETRAG: ______________ Euro

ANBIETER: ______________________________

FORDERUNG: ______________________________

BETRAG: ______________ Euro

GESAMTBETRAG »FORDERUNGEN«: ______________________ Euro

Sonstige Vermögenswerte

VERMÖGENSWERT: ______________________________

BESCHREIBUNG: ______________________________

BETRAG: ____________ Euro

VERMÖGENSWERT: ______________________________

BESCHREIBUNG: ______________________________

BETRAG: ____________ Euro

VERMÖGENSWERT: ______________________________

BESCHREIBUNG: ______________________________

BETRAG: ____________ Euro

VERMÖGENSWERT: ______________________________

BESCHREIBUNG: ______________________________

BETRAG: ____________ Euro

VERMÖGENSWERT: ______________________________

BESCHREIBUNG: ______________________________

BETRAG: ____________ Euro

VERMÖGENSWERT: ______________________________

BESCHREIBUNG: ______________________________

BETRAG: ____________ Euro

GESAMTBETRAG »SONSTIGE VERMÖGENSWERTE«: ____________ Euro

Verbindlichkeiten (Kredite, Steuerschulden usw.)

VERBINDLICHKEIT: ______________________________

BESCHREIBUNG: ______________________________

BETRAG: ______________ Euro

VERBINDLICHKEIT: ______________________________

BESCHREIBUNG: ______________________________

BETRAG: ______________ Euro

VERBINDLICHKEIT: ______________________________

BESCHREIBUNG: ______________________________

BETRAG: ______________ Euro

VERBINDLICHKEIT: ______________________________

BESCHREIBUNG: ______________________________

BETRAG: ______________ Euro

VERBINDLICHKEIT: ______________________________

BESCHREIBUNG: ______________________________

BETRAG: ______________ Euro

GESAMTBETRAG »VERBINDLICHKEITEN«: ______________________ Euro

SUMME DER VERMÖGENSWERTE NACH
ABZUG DER VERBINDLICHKEITEN: ______________________ Euro

Bestattungsverfügung

Hiermit erkläre ich,

_______________________________________ VORNAME(N) UND NACHNAME

_______________________________________ STRASSE UND HAUSNUMMER

_______________________________________ POSTLEITZAHL UND WOHNORT

_______________________________________ GEBURTSDATUM

meine Wünsche im Zusammenhang mit meiner eigenen Bestattung. Diese sollen nach meinem Tod möglichst genau berücksichtigt werden. Sollten bestimmte Wünsche nicht exakt erfüllbar sein, soll für diese Wünsche nach machbaren ähnlichen Alternativen gesucht werden.

Meine Wünsche zur Art der Bestattung

Zunächst bestimme ich, auf welche Art ich bestattet werden möchte. Falls eine Bestattungsart in meinem eigenen Land nicht zur Verfügung steht ...

☐ erlaube ich eine Bestattung im Ausland.

☐ soll eine möglichst ähnliche Bestattungsvariante im Inland gewählt werden.

Nach meinem Ableben wünsche ich ...

☐ eine Erdbestattung.

☐ eine Feuerbestattung.

☐ _______________________________________

____

Ich wünsche ...

☐ ein gepflegtes Grab.

☐ ein pflegefreies Grab mit Grabmal bzw. Namenstafel.

☐ ein pflegefreies und anonymes Grab.

☐ ____

____

Im Fall einer Erdbestattung wünsche ich die Beisetzung in ...

☐ einem Reihengrab (ohne Bestimmung der Lage).

☐ einem Wahlgrab (mit Bestimmung der Lage) als Einzelstelle.

☐ einem Wahlgrab (mit Bestimmung der Lage) als Doppelstelle.

☐ einem Familiengrab.

Im Fall einer Feuerbestattung wünsche ich ...

☐ die Beisetzung in einem Erdurnengrab (Reihengrab).

☐ die Beisetzung in einem Erdurnengrab (Wahlgrab).

☐ die Beisetzung in einer Urnenstele.

☐ die Beisetzung in einer Urnenwand (»Kolumbarium«).

☐ die Beisetzung in einem Bestattungswald.

☐ soll meine Asche auf einer Aschestreuwiese eines Friedhofs ausgestreut werden.

☐ eine Seebestattung wegen meines folgenden besonderen Verhältnisses zur See:

____

____

____

☐ die Beisetzung auf einer Almwiese (nicht in Deutschland).

☐ eine Felsbestattung (nicht in Deutschland).

☐ eine Luftbestattung (nicht in Deutschland).

☐ eine Diamantbestattung (nicht in Deutschland).

☐ ____

____

Sofern ich mich für ein Wahlgrab (Erdbestattung oder Feuerbestattung) entscheide, bitte ich, folgende Vorgaben für die Lage des Grabs zu beachten:

____

____

____

____

Meine Wünsche im Hinblick auf den Ort der Bestattung

Was den Ort meiner Bestattung betrifft ...

☐ habe ich keinen besonderen Wunsch.

☐ habe ich den Wunsch, an folgendem Ort bestattet zu werden:

____

____

Ich verfüge ...

☐ noch nicht über eine entsprechende Grabstelle.

☐ bereits über eine entsprechende Grabstelle, nämlich:

______________________________ STADT, LAND

______________________________ NAME DES FRIEDHOFS

______________________________ NUMMER DER GRABSTELLE

Meine Wünsche bezüglich des Grabmals

Im Hinblick auf das Grabmal für meine Bestattungsstätte erkäre ich, dass ich ...

☐ KEIN Grabmal wünsche.

☐ ein Grabmal folgender Beschaffenheit wünsche:

____

____

☐ ein Grabmal wünsche, dass von meinen Angehörigen ausgesucht werden soll.

Das Grabmal soll ...

☐ KEINE Inschrift haben.

☐ mit meinem Namen und meinen Lebensdaten beschriftet werden.

☐ mit folgendem Text beschriftet werden:

____

____

Meine Wünsche bezüglich der Trauerfeier

Nun mache ich eine ganze Reihe von Angaben zur Trauerfeier, wie ich sie mir idealerweise vorstelle. Ich wünsche ...

☐ eine Trauerfeier vor meiner Beisetzung.

☐ eine Trauerfeier vor der Einäscherung.

☐ eine Trauerfeier an meinem Grab.

☐ KEINE Trauerfeier.

Bezüglich religiösen Beistands erkläre ich, dass ich ...

☐ einen Beistand der katholischen Kirche wünsche.

☐ einen Beistand der evangelischen Kirche wünsche.

☐ einen Beistand folgender Glaubensgemeinschaft wünsche:

____

____

☐ <u>KEINEN</u> religiösen Beistand wünsche.

Bezüglich der Teilnehmer an meiner Trauerfeier wünsche ich, dass die Trauerfeier ...

☐ öffentlich stattfinden soll.

☐ im Kreis von Familie, Freunden und Bekannten stattfinden soll.

☐ im engsten Familienkreis stattfinden soll.

☐ im Kreis einer Liste von Personen stattfinden soll, die ich dieser Bestattungsverfügung anhänge.

Bezüglich einer Aufbahrung meines Leichnams erkläre ich, dass mein Leichnam ...

☐ für die Teilnehmer der Trauerfeier aufgebahrt werden soll.

☐ <u>NICHT</u> aufgebahrt werden soll.

☐ ____

____

Bei meiner Trauerfeier soll ...

☐ eine Trauerfeierrede abgehalten werden, und zwar von folgendem Redner bzw. folgender Rednerin:

____

____

☐ eine Trauerfeierrede abgehalten werden, wobei meine Angehörigen einen geeigneten Redner bzw. eine geeignete Rednerin bestimmen sollen.

☐ <u>KEINE</u> Trauerfeierrede abgehalten werden.

Bezüglich Musik bei meiner Trauerfeier wünsche ich, dass ...

☐ folgende Musik gespielt werden soll:

____

____

☐ folgende Musiker engagiert werden sollen:

____

____

☐ KEINE Musik gespielt werden soll.

Bezüglich Blumenschmuck bei meiner Trauerfeier wünsche ich ...

☐ folgenden Blumenschmuck:

____

____

☐ ein angemessenes Blumenbukett.

☐ KEINEN Blumenschmuck.

Im Anschluss an die Trauerfeier soll es ...

☐ Kaffee und Kuchen geben.

☐ ein Trauermahl geben.

☐ KEINE Verköstigung geben.

☐ ____

____

____

Für meine Trauerfeier habe ich außerdem die folgenden Wünsche:

____

____

____

____

____

____

Meine Wünsche bezüglich einer Traueranzeige

Im Zusammenhang mit meiner Bestattung wünsche ich ...

☐ KEINE Traueranzeige.

☐ eine Traueranzeige in folgendem Medium bzw. folgenden Medien:

____

____

____

☐ eine Traueranzeige in einem geeigneten Medium bzw. geeigneten Medien, die meine Angehörigen auswählen sollen.

Der Text der Traueranzeige soll ...

☐ von meinen Angehörigen erstellt werden.

☐ wie folgt lauten bzw. folgenden Text enthalten:

____

____

____

Meine Wünsche bezüglich Trauerkarten

Im Zusammenhang mit meiner Bestattung wünsche ich ...

☐ KEINE Trauerkarten.

☐ Trauerkarten mit folgendem Motiv:

____

____

____

____

☐ Trauerkarten, die von meinen Angehörigen ausgewählt werden sollen.

Folgende Personen bzw. Personengruppen sollen eine Trauerkarte erhalten:

____

____

____

____

Folgende Personen bzw. Personengruppen sollen KEINE Trauerkarte erhalten:

____

____

____

____

Meine Wünsche bezüglich der Organisation meiner Bestattung

Ich wünsche eine Durchführung meiner Bestattung unter Berücksichtigung der oben genannten Wünsche durch …

☐ ein Bestattungsinstitut, das meine Angehörigen auswählen sollen.

☐ folgendes Bestattungsinstitut:

____ NAME DES INSTITUTS

____ ANSCHRIFT

____ RUFNUMMER

Ergeben sich im Hinblick auf die Durchführung meiner Bestattung Fragen, die nicht in dieser Bestattungsverfügung geklärt werden, soll die entsprechende Vorgehensweise …

☐ vom beauftragten Bestattungsinstitut bestimmt werden.

☐ von folgender von mir hierzu ermächtigten Person bestimmt werden:

____ VORNAME(N) UND NACHNAME

____ STRASSE UND HAUSNUMMER

____ POSTLEITZAHL UND WOHNORT

____ GEBURTSDATUM

Hinweise zur finanziellen Absicherung meiner Bestattung

Die Kosten für meine Bestattung sollen gedeckt werden durch …

☐ folgendes Bankkonto:

____

____

____

☐ den angefügten Bestattungsvorsorgevertrag.

☐ die angefügte Sterbegeldversicherung.

☐ ____

____

Hinweise zu weiteren Dokumenten

Neben dieser Bestattungsverfügung habe ich ...

☐ <u>KEIN</u> Testament als weitere letztwillige Verfügung erstellt.

☐ ein Testament erstellt, das sich an folgendem Ort befindet:

____

____

Weitere Dokumente wie mein(e) Ausweis(e), mein Familienstammbuch und meine Gesundheitskarte befinden sich an diesem Ort:

____

Es folgen gegebenenfalls Hinweise auf weitere Dokumente, die im Zusammenhang mit meiner Bestattung relevant sind:

____

Diese Bestattungsverfügung habe ich im Vollbesitz meiner geistigen Kräfte ohne jeglichen äußeren Druck erstellt. Falls eine Vorgabe in dieser Bestattungsverfügung nicht exakt umgesetzt werden kann, erwarte ich, dass mein aus den Vorgaben erkennbarer mutmaßlicher Wille umgesetzt wird.

- -

ORT, DATUM

- -

UNTERSCHRIFT

Meine digitalen Geräte und Benutzerkonten

Die folgende Übersicht enthält alle digitalen Geräte und Benutzerkonten, die mir bekannt sind. Ich überprüfe die Liste in regelmäßigen Abständen auf ihre Aktualität. Falls der Platz nicht ausreicht, mache ich weitere Angaben auf der Rückseite oder füge weitere Blätter hinzu.

1. Digitale Geräte

Es folgt eine Auflistung meiner digitalen Geräte (Desktop-PC, Notebook, Smartphone, Tablet-PC o. Ä.) und der zugehörigen Zugangspasswörter. Ich verwende eine möglichst genaue Gerätebezeichnung oder -beschreibung. Nicht mehr vorhandene Geräte streiche ich durch.

GERÄT: ______________________________

PASSWORT: ______________________________

GERÄT: ______________________________

PASSWORT: ______________________________

GERÄT: ______________________________

PASSWORT: ______________________________

GERÄT: ______________________________

PASSWORT: ______________________________

GERÄT: ______________________________

PASSWORT: ______________________________

GERÄT: ____

PASSWORT: ____

GERÄT: ____

PASSWORT: ____

GERÄT: ____

PASSWORT: ____

GERÄT: ____

PASSWORT: ____

2. Kostenpflichtige Digitalabos

Es folgt eine Auflistung von Benutzerkonten, bei denen ich kostenpflichtige Digitalabonnements abgeschlossen habe, also z. B. Streaming-Dienste, digitale Zeitschriften, Speicherdienste o. Ä.

ANBIETERNAME: ____

BENUTZERNAME: ____

PASSWORT: ____

ANBIETERNAME: ____

BENUTZERNAME: ____

PASSWORT: ____

ANBIETERNAME: ______________________________

BENUTZERNAME: ______________________________

PASSWORT: ______________________________

ANBIETERNAME: ______________________________

BENUTZERNAME: ______________________________

PASSWORT: ______________________________

ANBIETERNAME: ______________________________

BENUTZERNAME: ______________________________

PASSWORT: ______________________________

3. Betriebssystem-Benutzerkonten

Es folgt eine Auflistung von Benutzerkonten, die der Anmeldung bei einem Betriebssystem dienen und in der Regel mehrere Funktionen beinhalten (z. B. Microsoft-Konto, Google-Konto oder Apple-ID).

ANBIETERNAME: ______________________________

BENUTZERNAME: ______________________________

PASSWORT: ______________________________

ANBIETERNAME: ______________________________

BENUTZERNAME: ______________________________

PASSWORT: ______________________________

ANBIETERNAME: ____

BENUTZERNAME: ____

PASSWORT: ____

ANBIETERNAME: ____

BENUTZERNAME: ____

PASSWORT: ____

ANBIETERNAME: ____

BENUTZERNAME: ____

PASSWORT: ____

4. Cloud-Benutzerkonten

Es folgt eine Auflistung von Benutzerkonten, die der Anmeldung bei Cloud-Diensten dienen, also Diensten, bei denen ich möglicherweise Dateien online gespeichert habe.

ANBIETERNAME: ____

BENUTZERNAME: ____

PASSWORT: ____

ANBIETERNAME: ____

BENUTZERNAME: ____

PASSWORT: ____

ANBIETERNAME: ______________________________

BENUTZERNAME: ______________________________

PASSWORT: ______________________________

ANBIETERNAME: ______________________________

BENUTZERNAME: ______________________________

PASSWORT: ______________________________

ANBIETERNAME: ______________________________

BENUTZERNAME: ______________________________

PASSWORT: ______________________________

5. Benutzerkonten für die Kommunikation

Es folgt eine Auflistung von Benutzerkonten, die der Kommunikation dienen, also z. B. E-Mail-Konten oder Benutzerkonten von Chat-Anbietern.

ANBIETERNAME: ______________________________

BENUTZERNAME: ______________________________

PASSWORT: ______________________________

ANBIETERNAME: ______________________________

BENUTZERNAME: ______________________________

PASSWORT: ______________________________

ANBIETERNAME: ______________________________

BENUTZERNAME: ______________________________

PASSWORT: ______________________________

ANBIETERNAME: ______________________________

BENUTZERNAME: ______________________________

PASSWORT: ______________________________

ANBIETERNAME: ______________________________

BENUTZERNAME: ______________________________

PASSWORT: ______________________________

6. Benutzerkonten für soziale Netzwerke

Es folgt eine Auflistung von Benutzerkonten bei sozialen Netzwerken, in denen ich mich mit einem Profil präsentiere und mit anderen Nutzern austausche.

ANBIETERNAME: ______________________________

BENUTZERNAME: ______________________________

PASSWORT: ______________________________

ANBIETERNAME: ______________________________

BENUTZERNAME: ______________________________

PASSWORT: ______________________________

ANBIETERNAME: ______________________________

BENUTZERNAME: ______________________________

PASSWORT: ______________________________

ANBIETERNAME: ______________________________

BENUTZERNAME: ______________________________

PASSWORT: ______________________________

ANBIETERNAME: ______________________________

BENUTZERNAME: ______________________________

PASSWORT: ______________________________

7. Benutzerkonten für Onlinekäufe oder -verkäufe

Es folgt eine Auflistung von Benutzerkonten, die ich für Onlinekäufe oder -verkäufe verwende.

ANBIETERNAME: ______________________________

BENUTZERNAME: ______________________________

PASSWORT: ______________________________

ANBIETERNAME: ______________________________

BENUTZERNAME: ______________________________

PASSWORT: ______________________________

ANBIETERNAME: ______________________________

BENUTZERNAME: ______________________________

PASSWORT: ______________________________

ANBIETERNAME: ______________________________

BENUTZERNAME: ______________________________

PASSWORT: ______________________________

ANBIETERNAME: ______________________________

BENUTZERNAME: ______________________________

PASSWORT: ______________________________

ANBIETERNAME: ______________________________

BENUTZERNAME: ______________________________

PASSWORT: ______________________________

ANBIETERNAME: ______________________________

BENUTZERNAME: ______________________________

PASSWORT: ______________________________

ANBIETERNAME: ______________________________

BENUTZERNAME: ______________________________

PASSWORT: ______________________________

8. Benutzerkonten für Onlinebanken und -bezahldienste

Es folgt eine Auflistung von Benutzerkonten, die ich online führe, sowie von Onlinebezahldiensten.

ANBIETERNAME: ____________________

BENUTZERNAME: ____________________

PASSWORT: ____________________

ANBIETERNAME: ____________________

BENUTZERNAME: ____________________

PASSWORT: ____________________

ANBIETERNAME: ____________________

BENUTZERNAME: ____________________

PASSWORT: ____________________

ANBIETERNAME: ____________________

BENUTZERNAME: ____________________

PASSWORT: ____________________

ANBIETERNAME: ____________________

BENUTZERNAME: ____________________

PASSWORT: ____________________

9. Benutzerkonten für eigene Webseiten

Es folgt eine Auflistung von Benutzerkonten, mit denen ich eigene Webseiten verwalte.

ANBIETERNAME: ____________________

BENUTZERNAME: ____________________

PASSWORT: ____________________

ANBIETERNAME: ____________________

BENUTZERNAME: ____________________

PASSWORT: ____________________

ANBIETERNAME: ____________________

BENUTZERNAME: ____________________

PASSWORT: ____________________

ANBIETERNAME: ____________________

BENUTZERNAME: ____________________

PASSWORT: ____________________

ANBIETERNAME: ____________________

BENUTZERNAME: ____________________

PASSWORT: ____________________

10. Sonstige Benutzerkonten

Es folgt eine Auflistung von Benutzerkonten, die in keine der anderen Kategorien passen.

ANBIETERNAME: ____________________

BENUTZERNAME: ____________________

PASSWORT: ____________________

ANBIETERNAME: ____________________

BENUTZERNAME: ____________________

PASSWORT: ____________________

ANBIETERNAME: ____________________

BENUTZERNAME: ____________________

PASSWORT: ____________________

ANBIETERNAME: ____________________

BENUTZERNAME: ____________________

PASSWORT: ____________________

ANBIETERNAME: ____________________

BENUTZERNAME: ____________________

PASSWORT: ____________________

ANBIETERNAME: ______________________________

BENUTZERNAME: ______________________________

PASSWORT: ______________________________

ANBIETERNAME: ______________________________

BENUTZERNAME: ______________________________

PASSWORT: ______________________________

ANBIETERNAME: ______________________________

BENUTZERNAME: ______________________________

PASSWORT: ______________________________

ANBIETERNAME: ______________________________

BENUTZERNAME: ______________________________

PASSWORT: ______________________________

ANBIETERNAME: ______________________________

BENUTZERNAME: ______________________________

PASSWORT: ______________________________

Vollmacht zur Regelung meines digitalen Nachlasses

Hiermit erteile ich,

____ VORNAME(N) UND NACHNAME

____ STRASSE UND HAUSNUMMER

____ POSTLEITZAHL UND WOHNORT

____ GEBURTSDATUM

Vollmacht an

____ VORNAME(N) UND NACHNAME

____ STRASSE UND HAUSNUMMER

____ POSTLEITZAHL UND WOHNORT

____ GEBURTSDATUM

Die von mir bevollmächtigte Person hat mein vollstes Vertrauen. Ich bevollmächtige diese Vertrauensperson hiermit, meinen digitalen Nachlass zu regeln. Die bevollmächtigte Person erhält in diesem Zusammenhang das Recht ...

- für meinen Todesfall alle erforderlichen Erklärungen an die betreffenden digitalen Dienste abzugeben.
- für meinen Todesfall alle meine digitalen Dateien sowie alle meine Benutzerkonten und Profile zu löschen oder gegebenenfalls an meine Erben zu verteilen. Die bevollmächtigte Person hat in diesem Zusammenhang die folgenden Wünsche zu beachten:

  ____

  ____

  ____

  ____

  ____

  ____

Diese Vollmacht zur Regelung meines digitalen Nachlasses gilt über meinen Tod hinaus, wenn ich diese nicht zu meinen Lebzeiten widerrufe.

Diese Vollmacht ist nicht übertragbar. Die bevollmächtigte Person hat nicht das Recht, Untervollmachten zu erteilen.

_ _

ORT, DATUM

_ _

UNTERSCHRIFT DES VOLLMACHTNEHMERS/DER VOLLMACHTNEHMERIN

_ _

ORT, DATUM

_ _

UNTERSCHRIFT DES VOLLMACHTGEBERS/DER VOLLMACHTGEBERIN